[美]比尔·盖茨(Bill Gates)_著 陈召强_译

气候经济与人类未来

比尔·盖茨给世界的解决方案

HOW TO AVOID A CLIMATE DISASTER

THE SOLUTIONS WE HAVE AND THE BREAKTHROUGHS WE NEED

中信出版集团 | 北京

图书在版编目（CIP）数据

气候经济与人类未来：比尔·盖茨给世界的解决方案 /（美）比尔·盖茨著；陈召强译 . -- 北京：中信出版社，2021.4
书名原文：How to Avoid a Climate Disaster: The Solutions We Have and the Breakthroughs We Need
ISBN 978-7-5217-2833-0

Ⅰ. ①气… Ⅱ. ①比… ②陈… Ⅲ. ①气候变化—影响—社会发展—研究 Ⅳ. ① K02

中国版本图书馆 CIP 数据核字（2021）第 044064 号

Copyright © 2021 by Bill Gates
This translation published by arrangement with Doubleday, an imprint of The Knopf Doubleday Group, a division of Penguin Random House, LLC
Simplified Chinese translation copyright © 2021 by CITIC Press Corporation
ALL RIGHTS RESERVED
本书仅限中国大陆地区发行销售

气候经济与人类未来——比尔·盖茨给世界的解决方案

著　者：［美］比尔·盖茨
译　者：陈召强
出版发行：中信出版集团股份有限公司
　　　　　（北京市朝阳区惠新东街甲 4 号富盛大厦 2 座　邮编 100029）
承　印　者：北京诚信伟业印刷有限公司

开　　本：787mm×1092mm　1/16　　印　张：21.25　　字　数：211 千字
版　　次：2021 年 4 月第 1 版　　　　印　次：2021 年 4 月第 1 次印刷
京权图字：01-2020-7157
书　　号：ISBN 978-7-5217-2833-0
定　　价：68.00 元

版权所有·侵权必究
如有印刷、装订问题，本公司负责调换。
服务热线：400-600-8099
投稿邮箱：author@citicpub.com

献给作为开路先锋的科学家、创新者和活动人士

目录

前言　从 510 亿吨到零排放　　　　　　　　　　　　　Ⅲ

第一章　为什么是"0"？
实现"0"的目标并不是真正意义上的零排放，而是净零排放，这是一个巨大的经济机遇。　　　　　　　　　　　　　　　　　　001

第二章　艰难之路
如果没有创新驱动，人类无法实现零排放的目标。　　　027

第三章　气候对话中的五个关键问题
我们需要新的技术、新的公司和新的产品来降低绿色溢价。　　049

第四章　电力生产与存储　　总排放量　　27%
"零碳"电力的十大创新举措。　　　　　　　　　　　069

第五章　生产和制造　　总排放量　　31%
创新生产材料与生产工艺，实现"零碳"制造的四个路径。　　111

第六章　种植和养殖　　总排放量　　19%
给植物施肥、饲养牲畜、减少食物浪费和改变饮食习惯的新方式。　　131

第七章　交通运输　　　　　总排放量　　　　　　　16%
利用电力驱动我们能驱动的所有交通工具，并以廉价替代燃料为其他交通工具提供动力。　　　　　　　　　　　　　　　　　　　　　157

第八章　制冷和取暖　　　　　总排放量　　　　　　　7%
实现电气化、发展清洁燃料和更高效利用能源的解决方案。　　183

第九章　适应暖化的世界
让适应气候变化而设的投资项目具有吸引力，同时评估金融市场中与气候变化相关的金融风险。　　　　　　　　　　　　　　　　　　199

第十章　政府要扮演的角色
明智的政策可以帮助解决气候问题。政府应全力做好的七件大事。　　225

第十一章　零排放计划
2030年实现减排目标的策略和实践路径。　　　　　　　　　247

第十二章　我们每个人的责任
作为一个公民、消费者、雇员或雇主，你可以发挥自己的影响力。　277

后记　气候变化和新型冠状病毒肺炎　　　　　　　　　　　291
致谢　　　　　　　　　　　　　　　　　　　　　　　　　297
注释　　　　　　　　　　　　　　　　　　　　　　　　　303

前言

从510亿吨到零排放

关于气候变化,你需要知道两个数字:第一个是510亿,第二个是0。

510亿是全球每年向大气中排放的温室气体的大致吨数。观察每年的温室气体排放数据,或略高或略低,但总体呈上升趋势。这就是我们今天的境况。①

"0"是我们需要达成的目标。要想阻止全球变暖,要想避免气候变化的最坏影响——这些影响将是非常糟糕的,我们人类需

---

① 510亿吨是根据最新数据得出的。2019年新型冠状病毒肺炎(COVID-19)疫情严重影响全球经济增长,全球温室气体排放量因此在2020年略有下降,幅度可能在5%左右。但由于我们尚不知道2020年的确切数字,所以我使用"510亿吨"作为一个总排放量。在本书中,我们会时不时地谈到新冠肺炎疫情。

要停止向大气中排放温室气体。

这听起来很难，实施起来也确实不容易。我们从未开展过如此大规模的全球行动，每个国家都需要改变自己的方式。事实上，现代生活中的每一项活动（种植、制造和出行）都涉及温室气体排放，而且随着时间的推移，越来越多的人将会转向这种现代生活方式。当然，这是好事，因为它意味着人们的生活正变得越来越好。然而，如果除此之外其他一切都没有改变，那么这个世界将会继续产生温室气体，气候必将持续恶化，它对人类造成的影响极有可能是灾难性的。

但"除此之外其他一切都没有改变"只是一个大的假设，我相信事情是可以改变的。我们已经有了一些我们需要的工具，至于那些现在还没有的，以我个人对气候和技术的了解，我很乐观地认为我们可以发明它们，并对它们加以部署。如果我们的行动足够迅速，那么气候灾难是可以避免的。

本书讲的就是如何避免这一灾难，以及为什么我认为我们可以做到这一点。

20年前，我从未想到有一天自己会公开谈论气候变化问题，更别提写这么一本书了。我学的专业是软件工程，而不是气候科学。我现在的专职工作是和妻子梅琳达一起经营比尔及梅琳达·盖茨基金会（简称"盖茨基金会"）。在这个高度聚焦的机构，我们重点关注全球健康及发展和美国教育问题。

我是以一种间接的方式，也就是通过能源贫困问题，开始关注气候变化的。

21世纪初，在盖茨基金会刚刚起步时，我开始到撒哈拉以南非洲和南亚地区的低收入国家旅行，以便更好地了解当地的儿童死亡率、艾滋病病毒感染情况及其他一些我们正致力于解决的重大问题。我的心思也并不总是放在疾病上，我常飞去大城市，伫立窗前，眺望窗外，我就会想："为什么那里一片漆黑？我在纽约、巴黎或北京看到的灯光都去了哪里？"

在尼日利亚拉各斯，我走过没有灯光的街道，看到人们就蜷缩在用旧油桶改装后点燃的炉火旁。在偏远的村庄，梅琳达和我遇到过一些妇女和女童，她们每天都会花好几个小时捡拾木柴，以便在家中生火做饭。我们见过借着烛光做作业的孩子，因为他们家里没有电力照明（见图0-1[1]）。

我了解到，全球约有10亿人无法获得可靠的电力供应，而这其中有一半生活在撒哈拉以南非洲地区。（现在的情况较彼时已略有改善。今天，全球约有8.6亿人还没有用上电。）我想到了盖茨基金会的核心理念——"每个人都应该有机会过上健康而富有成效的生活"，然而如果你所在地区的诊所因冰箱不能运转而无法做到疫苗的冷储存，那么要过上健康的生活又谈何容易。如果你所在的办公室、工厂和呼叫中心没有规模庞大的、可靠的、可负担

图 0-1 借着烛光做作业的 9 岁男童乌卢贝·奇纳奇，梅琳达和我在拉各斯经常见到像他这样的孩子

得起的电力供应，那么那里就绝无可能构建一个人人都拥有就业机会的社会。

大约在同一时间，已故科学家、剑桥大学教授戴维·麦凯（David MacKay）给我看了一张图（见图 0-2[2]），它展示了居民收入和能源消耗之间的关系，也就是一国人均收入与该国国民能源消耗之间的关系。这张图的横轴标示着各国的人均收入状况，纵轴标示着各国的能源消耗情况，两者之间的关联关系一目了然。

随着所有这些信息的积聚和沉淀，我开始思考这个世界怎样才能让贫穷国家的民众用上可靠的、可负担得起的能源。让盖茨基金会去解决这样一个重大问题并没有意义——我们需要它专注

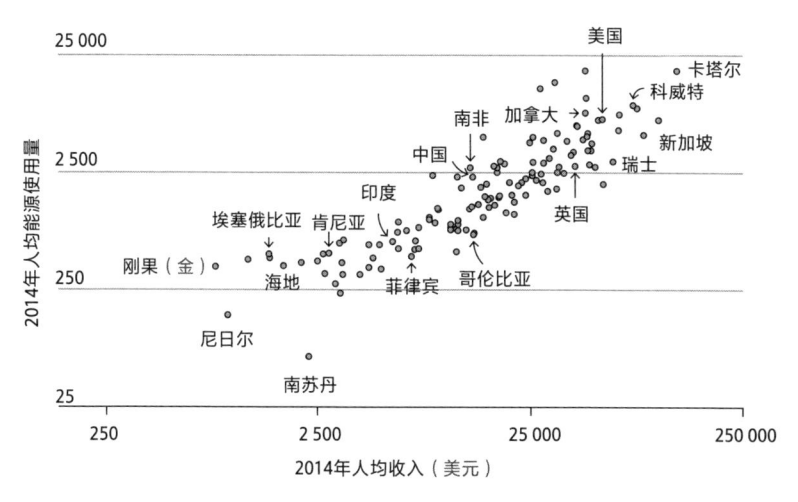

图 0-2 人均收入和能源消耗之间存在密切关系

资料来源：IEA；World Bank

于自身的核心使命，但这时我开始同一些发明家朋友讨论我的想法，并进一步阅读了与该问题相关的资料，其中就包括科学家、历史学家瓦科拉夫·斯米尔（Vaclav Smil）撰写的多部令人大开眼界的作品，我从中了解到能源对现代文明的极端重要性。

在那个时候，我还没有觉得我们需要实现零排放目标。对温室气体排放负有主要责任的富裕国家已经开始关注气候变化问题，我认为这已经足够。在我看来，我要做的就是发起倡议，帮助贫困群体用上他们可负担得起的可靠能源。

首要的一点是，他们是最大的获益者，拥有更廉价的能源不仅意味着他们在夜晚可以开灯，而且意味着他们种田时可以用上更廉价的肥料，建房时可以用上更廉价的水泥。但在气候变化问题上，贫困者是最大的输家，他们大多是挣扎在贫困线上的农民，经受不起更多的旱灾和洪灾。

2006年年底，我遇到了微软的两位前同事，当时他们正着手成立专注于能源和气候问题的非营利组织。正是从那时起，这些事情对我来说开始发生变化。他们邀请了两位非常精通能源和气候问题的科学家，一起向我展示温室气体排放与气候变化之间的关联数据。

我知道温室气体正导致全球气候变暖，但我以为周期性变动或其他因素会以一种自然的方式阻止真正的气候灾难发生。另外还有一点是我难以接受的，那就是只要人类继续排放温室气体，全球温度就会持续不断地上升。

我多次带着后续问题跟这个四人组会面，最终达成共识：这个世界需要更多的能源，才能使贫困群体走上富裕道路，但在提供这些能源的同时，我们不能以增加温室气体的排放为代价。

现在，问题看起来更棘手了。仅仅为贫困群体提供廉价、可靠的能源还不够，我们也很难保证这都是清洁能源。

我不断学习一切与气候变化相关的知识。我会见了气候、能源、农业、海洋、海平面、冰川、电力输送等领域的专家，翻阅了联合国政府间气候变化专门委员会（IPCC）发布的报告，正是在该委员会的推动下，全球达成了应对气候变化的科学共识。我观看了《地球气候变化》（*Earth's Changing Climate*），这是理

前言

查德·沃尔夫森（Richard Wolfson）教授在"伟大课程"（Great Courses）平台推出的一系列精彩视频讲座。我阅读了《天气傻瓜书》（Weather for Dummies），我现在依然认为它是关于天气问题值得称道的著作之一。

我开始清楚地认识到，我们现有的可再生能源（主要是风能和太阳能）在解决气候变化问题上可以发挥重大作用，但我们在部署这些能源方面所做的努力还不够。①

另外还有一点也越来越清晰，那就是仅靠可再生能源，我们并不能实现零排放的目标。风不会一直吹拂，太阳不会一直照耀，而我们也没有可负担得起的、可长时间存储大量能源（比如足够供一个城市使用的能源）的电池。再者，发电导致的温室气体排放量只占全球总排放量的27%。即便我们在电池技术方面取得重大突破，我们仍需要减掉另外的73%。

几年下来，我确认了这样三件事情。

1. 要避免气候灾难，我们必须实现零排放的目标。
2. 我们需要以更便捷、更聪明的方式部署已有的工具，比如太阳能和风能发电设备。

---

① 水电，即通过大坝水位落差产生的电力，是另外一种可再生能源，实际上也是美国可再生能源中的最大构成部分。但问题是，现在大多数可用的水电资源都已经被开发，增长空间有限。因此，要想获得更多的清洁能源，我们不得不另觅他途。

3. 我们需要开发和推广突破性技术，并借此走完剩余的路。

无论是过去还是现在，零排放都具备坚实的逻辑基础。除非我们不再向大气中排放温室气体，否则全球温度会一直上升。这里有一个特别有用的类比：气候就好比一个正在被缓缓注水的浴缸，即便我们把水调到涓涓细流的程度，浴缸早晚也会被注满，而浴缸水满之后，水自然会流到地面上。这就是我们必须阻止的灾难。设定一个仅仅减少而不是消除温室气体排放的目标是不够的，唯一合理的目标就是"0"。（关于零排放目标及气候变化影响的更多内容，参见第一章。）

但在我了解到这一切之后，我并没有打算投身其中，担起解决这个议题的责任。早前，梅琳达和我已经选择了两个领域——全球健康及发展和美国教育。我们要学习很多东西，要聘请专家团队，还要把我们的资源投出去。另外，我也看到很多名人把气候问题列入了议事日程。

虽然我对这个问题的介入越来越深，但我并没有把它作为我的首要任务。在条件允许的情况下，我参阅了相关资料，并会见了该领域的专家。我投资了一些清洁能源公司，同时斥资数亿美元成立了一家致力于设计下一代核电站的公司，力求在开发清洁电力的同时，最大限度地减少核废料的产生。我在TED大会发表了题为"创新到零排放"的演讲。但大多数时候，我重点关注的

前言

是盖茨基金会的工作。

然后，到 2015 年春，我决定多做多讲。我看新闻报道说，美国各地大学生举行了静坐抗议活动，要求学校从化石燃料项目中撤资。作为该运动的一部分，英国《卫报》发起了一项活动，呼吁盖茨基金会撤出投在化石燃料公司的资金。实际上，这部分投资在盖茨基金会总投资中所占的比例很小。

在《卫报》拍摄制作的视频中，来自世界各地的人纷纷要求我撤资。至于《卫报》为什么单单把盖茨基金会和我拎出来，我理解其初衷，我也很钦佩活动人士的热情。我见过抗议越南战争的学生，后来也见过抗议南非种族隔离制度的学生，我知道他们带来了实实在在的改变。在气候变化问题上，能看到这样一种力量是令人鼓舞的。

另外，我也一直在想我在旅途中目睹的一切。比如，印度有大约 14 亿人口，极端贫困人口规模庞大。如果跟印度人说，他们的孩子不能在电灯下学习，或者告诉他们，成千上万的印度人死于热浪是应该的，因为安装空调对环境不利，我想无论是谁，说这样的话都有失公平。我能想出的唯一解决方案就是开发廉价的清洁能源，廉价到让每一个国家都优先选择清洁能源而不是化石燃料。

尽管我欣赏抗议者的热情，但我不认为撤资行动能阻止气候变化，也不认为这样做可以帮到贫困国家的人。通过公司撤资行为来对抗种族隔离制度是可行的，因为政治制度的确会对经济压力做出反应，但仅仅靠抛售化石燃料公司的股票就想改变世界能源体系是不现实的，要知道能源行业每年的市场规模高达5万亿美元，而且这个行业是现代经济的基础。

时至今日，我依然这样认为。不过，我已经找到其他理由，这使我不再持有化石燃料公司的股票。换句话说，我不想看到这些公司的股价因我们没有开发"零碳"替代能源而上涨，我也不想因此获利。如果利益的获取是以延迟实现零排放为代价的，那我会觉得这很糟糕。所以，2019年，就像管理盖茨基金会捐助款项的信托基金一样，我也撤出了我在油气公司的所有直接投资。（我已经多年没有投资煤炭公司了。）

这是我个人的选择，也恰好是我能自己做主的选择。但我很清楚，这并不会对减少温室气体排放产生任何实际的影响。实现零排放需要一个更大规模的策略：利用我们掌握的所有工具推动彻底的变革，包括政府政策、现有技术、新发明、私人市场向广大民众交付产品的能力等。

2015年年底，我们迎来了一个有利于创新和新投资的机会：《联合国气候变化框架公约》第21次缔约方大会（COP 21）。这是联合国2015年11—12月在巴黎举办的一次大型气候变化会议。在此次会议之前的几个月里，我会见了时任法国总统奥朗德。奥朗德对邀请私人投资者参加会议很感兴趣，而我感兴趣的是把创新项目列入议事日程。我们彼此都看到了机会。他认为我可以帮忙拉到投资者。我说这可以，但如果各国政府也承诺加大能源研究投入的话，那么事情会好办得多。

这件差事未必轻松。即便在美国，能源研究领域的投资也远低于其他重要领域，比如卫生和防务。尽管有些国家适度加大了研究力度，但整体水平仍然很低。他们不愿增加投入，除非他们知道私营部门有足够的资金把想法带出实验室，进而转化成实实在在能帮到国民的产品。

但到 2015 年，私人资本趋于枯竭。很多先前投资绿色技术的风险资本公司选择了退出，因为这个领域的回报太低了。他们习惯投资生物技术和信息技术领域，在这类领域，成功往往来得很快，需要应对的政府监管也相对较少。清洁能源则完全是另外一回事，私人资本已经在退场。

显然，我们需要引入新的资金及一种专门为清洁能源定制的新策略。2015 年 9 月，也就是在第 21 届联合国气候变化大会召开前两个月，我给二十几位熟识的投资人发去电子邮件，希望说服他们投入风险资金，弥补政府新增研究经费的不足。他们需要做长期投资——在能源领域取得突破可能需要花费几十年，还要承担高风险。为避免风险资本家重蹈覆辙，我承诺帮助建立一个由专家组成的焦点小组，对相关公司进行审查，并助力他们应对能源行业的复杂局面。

我对后续的回应感到高兴。不到4个小时，第一位投资者就回复我表示同意。两个月后，也就是到第21届联合国气候变化大会召开时，另有26位投资者加入了我的倡议计划。我们为它取了一个名字——"突破能源联盟"。时至今日，突破能源联盟已经通过其所发起的慈善项目、倡议机构和私募基金投资了40余家富有创意的公司。

政府也挺了过来。在第21届联合国气候变化大会上，20个国家的首脑齐聚一堂，承诺将研究经费增加一倍。法国总统奥朗德、美国总统奥巴马和印度总理莫迪在推动这一进程方面发挥了重要作用。按照印度总理莫迪的提议，这项倡议被命名为"创新使命"（见图0-3）。今天，"创新使命"包括24个国家和欧盟委员会，每年新增清洁能源研究资金达46亿美元，短短几年时间增长就超过50%。

图0-3　世界领导人在2015年第21届联合国气候变化大会上启动"创新使命"倡议

前言

这个故事的下一个转折点,对本书的每位读者来说都非常熟悉。

2020 年,新型冠状病毒肺炎疫情席卷全球,灾难随之发生。对任何了解流行病史的人来说,新冠肺炎疫情造成的破坏并不让人感到意外。基于我对全球卫生问题的兴趣,我对疫情暴发进行了多年的研究。这些研究让我深深意识到,我们这个世界还没有做好应对大规模流行病的准备,比如 1918 年那场导致数千万人死亡的西班牙流感。2015 年,我在 TED 大会发表演讲时,以及在此后多次采访中表示,我们需要建立一个用于监测和应对大规模疾病暴发的体系,包括美国前总统乔治·W. 布什在内的很多人也提出过类似的观点。

令人遗憾的是,这个世界几乎没有做任何准备。因此,在新冠肺炎疫情暴发后,我们付出了惨重的生命代价,也承受了巨大的经济损失,这是自"大萧条"以来从未有过的。这期间,虽然我没有放下与气候变化相关的大量工作,但梅琳达和我已经把应对新冠肺炎疫情列为盖茨基金会的优先事项,同时把它列为我们最主要的工作。每天,我都会跟高等院校和初创公司的科学家、制药公司的首席执行官或政府首脑交谈,看看盖茨基金会在病毒检测、疾病治疗和疫苗研发方面能提供哪些帮助。到 2020 年 11 月,我们对这场疫情的相关承诺捐助已经超过 4.45 亿美元,我们还开展了数亿美元的财务投资,确保疫苗、检测试剂和其他关键产品能以更快的速度进入低收入国家。

因为经济活动大幅放缓，2020年的温室气体排放量将少于2019年。正如我在前面提到的，降幅可能在5%左右。按实际值计算，这意味着全球将排放480亿或490亿吨二氧化碳当量①，而不是510亿吨。

这是一个很有意义的降幅。如果我们每年都能以这样的幅度降低温室气体排放量，那么这个世界将变得非常美好。但令人遗憾的是，我们做不到。

不妨想一想，这5%的降幅是怎样取得的？100万人死亡，数千万人失去工作。这是任何人都不想继续或重复的境况。再者，全球温室气体排放的降幅可能只能达到5%，甚至可能低于这个数字。对我来说，值得注意的并不是此次降幅有多大，而是它有多小。

温室气体排放量的小幅降低表明，只靠少坐飞机和少开车，无法实现零排放的目标，甚至都无法实现大规模减排。在应对新冠肺炎疫情方面，我们需要新的测试手段、新的治疗方法和新的疫苗。同样，在同气候变化做斗争的过程中，我们也需要新的工具：在全球范围内，以"零碳"的方式发电、制造产品、种植粮食，以"零碳"的方式为建筑物保温降热，以及以"零碳"的方

---

① 二氧化碳当量，用作比较不同温室气体排放的量度单位。——编者注

式转移人员、运送物品,等等。我们需要培育新的种子,需要开展多种创新活动,帮助这个世界上的极端贫困人口(其中很多都是小户农民)适应不断变暖的气候。

当然,这里还存在其他一些障碍,而这些障碍与科学或资金扶持毫无关系。特别是在美国,因为政治问题,气候变化领域的对话已经被边缘化。有时候,这会让我们产生一种深深的无力感,让人看不到希望。

从思维方式的角度讲,我更像一名工程师而非政治学家。对于气候变化中的政治问题,我没有解决方案。相反,我想要做的就是把对话的重点放到如何实现零排放上:我们需要把这个世界的热情及它的科学智商,部署到现有的清洁能源解决方案上,并投资新的解决方案,进而阻止温室气体排放。

我知道,在气候变化问题上,我并不是一个完美的信使。这个世界上从来都不缺既有钱又有想法的人。对于其他人该怎么做,他们有很好的想法,或者他们认为技术可以解决任何问题。而我自己住着大房子,乘坐私人飞机出行——其实我就是坐私人飞机去巴黎参加气候变化大会的,我有什么资格在环境问题上对他人说教呢?

我承认这三宗罪。

首先,我不否认我是一个有钱、有自己想法的人,同时我也知道我的想法是有见地的，而且我一直在学习。

其次，我是一个技术爱好者。别人给我一个问题，我会寻找技术手段来解决它。就气候变化而言，我知道创新并不是我们唯一需要的东西，但若没有创新，我们就无法继续维持地球的宜居环境。技术解决方案虽然不是万能的，没有技术解决方案却是万万不能的。

最后，我个人的碳足迹①出奇的高。这是事实。长久以来，我对此深感内疚和不安。我已经意识到我个人的碳排放量有多高，撰写本书也让我更清楚地认识到我有责任减少碳排放量。对像我这样担心气候变化并公开呼吁人们采取行动的人来说，减少碳足迹是最起码要做到的。

我从2020年开始购买可持续航空燃油，到2021年，这将完全抵消我和我的家人的航空碳排放量。在非航空碳排放方面，我正通过一家公司购买这方面的抵消量。该公司目前在运营一种消除空气中二氧化碳的设施（关于直接空气捕获技术的更多信息，参见第四章）。我还资助了一家非营利机构，它在为芝加哥地区的经济适用房安装清洁能源升级设备。另外，我也在寻找各种方法，力求减少个人的碳足迹。

我还投资了"零碳"技术。在某种意义上，我把这种投资当

---

① 碳足迹指企业机构、活动、产品或个人通过交通运输、食品生产和消费以及各类生产过程引起的温室气体排放的集合。——编者注

前言

作为另外一种补偿措施,用以抵消我个人的碳排放量。在该领域,我的投入超过 10 亿美元,我希望帮助这个世界实现零排放,我的投资覆盖可负担的、可靠的清洁能源以及低排放的水泥、钢、肉类食品,等等。在直接空气捕获技术方面,我可能是这个世界上投资最多的人。

当然,这些企业投资并没有减少我的碳足迹,但我的任何一项减排投资的成功,其所带来的减排效果都将远超我和我的家人所做的减排努力。再者,我们的目标并不是简单地让一个人补偿他的碳排放量,而是为了避免气候灾难。所以,我支持清洁能源早期阶段的研究,投资富有前景的清洁能源公司,倡导在世界范围内实施有助于实现相关技术突破的政策,并鼓励其他拥有资源的人做同样的事情。

下面是要点:虽然像我这样的重度排放者应该减少能源消耗,但从整体上来讲,我们这个世界应该更多地使用基于能源的产品和服务。使用更多的能源并没有错,前提是不产生碳排放。解决气候问题的关键在于,让清洁能源变得跟化石燃料一样廉价和可靠。为此,我付出了很多努力,希望借此实现这一目标,也希望做出有意义的改变,将每年 510 亿吨的碳排放量逐步减少至 0。

本书给出了一条前行的道路,以及一系列我们可以采取的措施,便于人类最大限度地避开气候灾难。具体来说,它分为五个部分。

为什么是0？ 在第一章中，我将解释为什么我们需要实现零排放目标，包括我们已知的（以及未知的）全球气候变暖对世界各地的影响。

坏消息：实现零排放是一项异常艰巨的任务。 对于任何有望取得成就的计划，首要一点就是要对面临的障碍进行实事求是的评估。所以，在第二章中，我会就当前所需应对的挑战展开讨论。

在气候变化问题上，如何开展有见地的对话？ 在第三章中，我会剖析一些你可能听过但又让人感到困惑的统计数据，并与大家分享我每次在有关气候变化的对话中都会想到的问题。这些问题一次又一次地让我避开歧途，而我希望它们对你也起到同样的作用。

好消息：我们可以实现零排放的目标。 从第四章到第九章，我会逐一讲述当前技术可以发挥效力的领域，以及需要实现技术突破的领域。这是本书中篇幅最长的部分，因为所要讲述的内容实在是太多了。对于一些已有的解决方案，我们现在需要进行大规模部署，在未来几十年里，我们还需要开展大量创新活动，并将创新成果推广到世界各地。

我会在书中介绍一些我特别感兴趣的技术，但对于很多公司，我不会提及具体的名称。一方面，因为我投资了其中一些公司，我不想让人觉得我是在支持那些于我有经济利益的公司。另一方面，更重要的是，我希望人们把关注点放到这些创意和创新本身，而不是特定的业务。有些公司可能会在接下来的几年里走向破产。如果你从事的是尖端技术工作，就会理解这种情况不可避免，但它未必就是失败的标志。关键的一点是，你要从失败中吸取教训，并将这些教训应用于新的创业项目，就像我们在微软所做的那样，也好比我认识的每一位创新者所做的那样。

我们现在可以采取的措施。 我之所以写这本书，不仅因为我看到了气候变化问题，也是因为我看到了解决这一问题的机会。这并不是盲目的乐观主义。无论面对何种重大挑战，我们都已经具备三个条件中的两个：第一，我们有战胜挑战的雄心，这源于一项不断壮大的全球运动的热情，而这项运动是由深切关注气候变化问题的年轻人领导的；第二，我们有解决这个问题的宏大目标，因为世界各地有越来越多的国家和地区领导人致力于贡献自己的力量。

现在，我们需要的是第三个条件——实现目标的具体计划。

就如我们的雄心是由气候科学驱动的一样，任何切实可行的减排计划也必然是由其他学科驱动的——物理、化学、生物、工程、政治、经济、金融等。因此，在本书最后的几个章节中，我会依据所有这些学科专家的指导给出一个计划。在第十章和第十一章，我会重点讨论政府可以采取的政策；在第十二章，我会给出我们每个人都可以采取的、有助于全球实现零排放的措施。

无论你是政府领导人、企业家,还是忙于生计、几无自由时间的选民(或上述全部),你都可以贡献力量,帮助这个世界避开气候灾难。

以上,是为前言。现在让我们进入正题。

第一章

为什么是"0"?

实现"0"的目标并不是真正意义上的零排放,而是净零排放,这是一个巨大的经济机遇。

我们需要实现零排放的目标，原因很简单。温室气体捕获热量，导致地球表面平均温度上升。温室气体越多，地球表面温度的上升幅度越大，一旦进入大气，温室气体就会存留很长时间。今天排放到大气中的二氧化碳，一万年之后仍会存留大约20%。

我们持续不断地向大气中排放碳，这个世界却不再变热——这种情况根本不可能出现。地球温度越高，人类的生存越艰难，因而很难再谈人类的繁荣发展。对于某一给定幅度的温度上升所造成的破坏，我们还没有完全搞清楚，但我们有充足的理由对此表示担忧。而且，温室气体会长期留存在大气中，所以即便实现了零排放的目标，在相当长的时间内，地球还是会处于暖化状态。

我承认，使用"0"是不准确的。我应该把我所要表达的意思说清楚。在前工业化时代，也就是在18世纪中期以前，地球上的碳循环可能处于大体平衡的状态——植物和其他物体吸收的二氧化碳量同全球排放到大气中的二氧化碳量基本相当。

但自18世纪中期起，我们开始燃烧化石燃料。化石燃料是由储藏在地下的碳构成的，这得益于远古时代死去的植物：经过数百万年的压缩和演化，它们转变成石油、煤或天然气。当我们把这些燃料从地下挖出来燃烧使用时，我们排放了额外的碳，增加了大气中的碳总量。

通过完全放弃化石燃料，或停止其他所有会产生温室气体的活动（比如生产水泥、使用肥料或燃气电厂的甲烷泄漏），达到零排放的目标，并不现实，而且没有可行的路径。相反，极有可能的情况是，在"零碳"的未来，我们仍然会排放一定量的碳，但我们有办法消除它。

换言之，这里所说的实现"0"的目标并不是真正意义上的"零排放"，而是"近净零排放"。这不是一场要么及格要么不及格的考试。也就是说，我们不能这样想：如果实现100%的减排，一切都会很棒，但如果只实现了99%的减排，一切都是灾难。当然，减排越显著，效益就越大。

减少50%的排放量并不能阻止温度上升，它只能起到延缓的作用。也就是说，它在某种程度上只会延迟而不会阻止气候灾难的到来。

假设我们减少了99%的排放量,哪些国家和经济部门可以使用剩余1%的配额?诸如此类问题,我们如何做决定?

其实,要避免最糟糕的气候状况出现,在某种意义上,我们不仅需要停止向大气中排放温室气体,而且需要切实行动起来,着手消除已经排放的温室气体。你可能已经注意到,这个步骤被称为"净负排放"。它意味着,最终我们从大气中消除的温室气体将多于我们排放的温室气体,唯有如此,我们才可以遏制地球温度的上升。回到前言中提及的浴缸类比:我们不仅要关掉流入浴缸的水,还要打开排水阀,让水流出去。

对于不能实现零排放的目标而产生的风险,我想你不会是在本章中第一次看到。毕竟,气候变化的问题几乎每天都出现在新闻中。原本就该如此,这是一个亟待解决的问题,它配得上每一个头条位置。但媒体的报道可能会令人困惑,甚至其中还存在相互矛盾的内容。

在本书中,我将设法消除这些噪声。多年来,我有幸跟随一些世界顶尖的气候和能源科学家学习。对话永无止境,因为研究人员对气候的了解是不断深化的,而这又得益于新数据的出现及用于预测不同情景的计算机模型的改进。我发现,这对判断什么有可能发生及什么不太可能发生大有助益,而且这也让我深信避免灾难性后果的唯一方式就是实现零排放。在本章中,我想分享一些我学到的东西。

小变化，大影响

当得知全球温度的小幅上升（升高1或2摄氏度，也就是33.8或35.6华氏度）确实会造成很多麻烦时，我感到很惊讶。① 但这是真的，在气候领域，仅仅是几摄氏度的变化就会产生巨大的影响。在上一个冰河时代，全球平均温度只比今天低6摄氏度。在恐龙时代（中生代），全球平均温度比今天高大概4摄氏度，那时北极地区还生存着鳄鱼。

这些平均数字可以掩盖相当大的温度变化，记住这一点也很重要。虽然现在全球平均温度只比工业化时代之前高1摄氏度，但有些地方的温度增幅已经超过2摄氏度，而全球20%~40%的人口生活在这些地方。

为什么有的地方比其他地方更热呢？在一些大陆的内部地区，土壤更干燥，这意味着土地不会再像过去一样凉下来。基本上，大陆不会像过去那样潮湿了。

---

① 大多数气候变化报告都采用"摄氏度"来表示温度的变化，我在本书中也遵循这个惯例，因为大多数新闻报道使用的都是"摄氏度"。但由于美国人普遍倾向于使用"华氏度"，在提及日常温度时，我会使用"华氏度"。
摄氏度 =（华氏度 −32）÷ 1.8。

第一章 为什么是"0"？

那么，地球变暖与温室气体排放之间存在什么关系呢（见图1-1[1]）？让我们从基础知识说起，二氧化碳是最常见的温室气体，除此之外，还有其他多种温室气体，比如一氧化二氮和甲烷，你可能在牙科诊所用过又被称为"笑气"的一氧化二氮，甲烷则是天然气的主要成分。从单一分子的对比来看，很多温室气体造成的暖化效应都超过二氧化碳。以甲烷为例，其在大气中的暖化效应是二氧化碳的120倍，但它不会像二氧化碳那样长期存留在大气中。

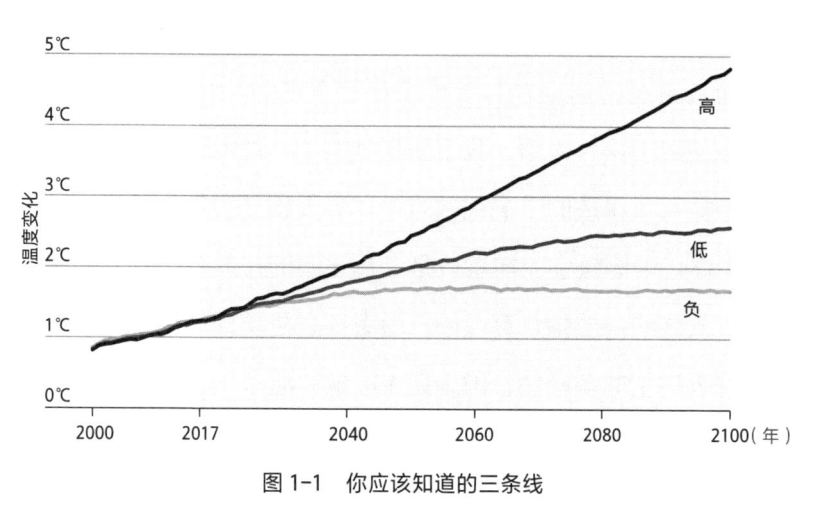

图1-1 你应该知道的三条线

注：图上三条线展示了未来地球温度在三种情况下的可能变化：如果排放量大幅增加（高）、如果排放量减少（低），以及如果我们消除的碳逐渐超过排放的碳（负）。

资料来源：KNMI Climate Explorer

为简便起见，大多数人会使用单一度量单位，也就是"二氧化碳当量"，来表述所有这些不同的温室气体。（你可能见过它的缩写，即 CO_2e。）我们之所以使用"二氧化碳当量"这个术语，是因为存在这样一个事实：有些温室气体在捕获热量方面的能力高于二氧化碳，但在大气中的存留时间又短于二氧化碳。令人遗憾的是，二氧化碳当量不是一个完美的度量标准：从根本上来讲，真正重要的并不是温室气体的排放量，而是升高的温度及其对人类的影响。在这方面，像甲烷这样的气体要比二氧化碳糟糕得多，它会使温度迅速上升，而且升幅很大。但使用"二氧化碳当量"这个术语，无法完全解释这种重要的短期效应。

但不管怎么说，这是我们用以计算温室气体排放量的最佳方法，而且它经常出现在与气候变化有关的讨论中，所以我在本书中也使用了这一术语。我不断提到的 510 亿吨这个数字，指的就是全球每年排放的二氧化碳当量。你在别处可能会看到 370 亿吨或 100 亿吨等数字，前者只是二氧化碳的排放量，并没有将其他温室气体的排放量计算在内，后者则只是单纯的碳排放量。为了体现表达上的多样性，因为读 100 遍"温室气体"会让你变得目光呆滞，我在本书中有时会使用"碳"来替代二氧化碳和其他气体。

随着人类活动的增加，比如燃烧化石燃料，温室气体排放量自 19 世纪 50 年代开始大幅增加。如图 1-2 所示，左图是 1850 年以来全球二氧化碳排放量的增长情况，右图则是同期全球平均温度的上升情况。[2]

第一章 为什么是"0"？

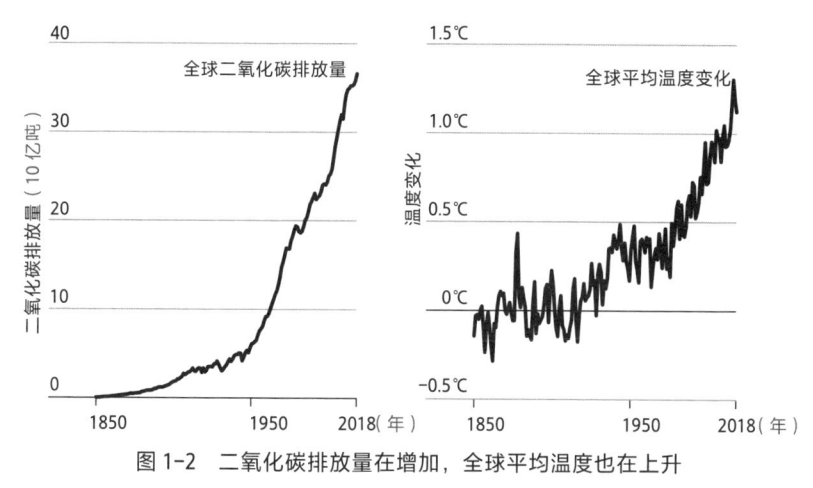

图 1-2　二氧化碳排放量在增加，全球平均温度也在上升

注：在左图中，你可以看到 1850 年以来，由于工业生产和化石燃料的燃烧，二氧化碳排放量呈上升趋势；在右图中，你可以看到随着二氧化碳排放量的增加，全球平均温度也在不断上升。

资料来源：Global Carbon Budget 2019；Berkeley Earth

温室气体是如何导致全球变暖的？简单来说，它们会吸收和捕获大气中的热量，因其工作原理跟温室一样，故称"温室气体"。

当你把车停到太阳底下时，你会真切地感受到另外一种迥然相异的温室效应：阳光透过挡风玻璃射入车内，车内气体会捕获一些能量，这就是车内温度远高于车外温度的原因。

但这一解释只会引发更多的问题。太阳的热量能够穿过温室气体抵达地球，怎么又被大气中的温室气体捕获了呢？二氧化碳的工作原理是不是就像一面巨大的单面镜？就此而言，如果二氧化碳和甲烷可以捕获热量，那么氧气为什么不可以呢？

这些问题的答案涉及一些化学和物理学的知识。你可能还记得曾在物理课上学到的：所有分子都是振动的；分子振动得越快，它们的温度越高。当特定类型的分子在特定波长范围内受到辐射时，它们就会屏蔽辐射，吸收辐射的能量，并加快振动速度。

但并不是所有辐射的波长都能产生这种效应。比如，阳光就可以直接穿过大多数温室气体，其热量不会被它吸走。大多数阳光都能抵达地球，并温暖这个地球，自远古以来就是如此。

问题在于地球无法永远留存所有这些能量，如果能的话，那么我们这个星球的温度之高，早已变得无法忍受了。相反，地球会把部分能量辐射回太空，而这其中的一部分能量会在合适的波长范围内被释放出来，进而被温室气体吸收。这些未能以无害方式遁入太空的能量转而撞击温室气体分子，加快这些分子的振动速度，使得大气升温。（顺便说一句，我们应该感谢温室效应。如果没有它，地球会变得寒冷无比，将不适于人类居住。问题是，这些额外的温室气体已经导致温室效应过度。）

为什么不是所有气体都这样呢？因为由两个相同原子组成的分子（比如氮气分子或氧气分子）会让辐射直接穿过它们，只有由不同原子组成的分子（比如二氧化碳和甲烷的组成方式）才具有吸收辐射并在辐射的作用下开始升温的结构。

为什么我们必须实现零排放的目标？这就是问题答案的第一部分：我们排放到大气中的任何一点点碳都会强化温室效应。物理是绕不过去的。

这个问题答案的第二部分涉及所有温室气体对气候及对我们人类的影响。

我们知道的和不知道的

对于气候是如何变化的,以及为什么会变化,科学家还需要进行更多研究。比如,联合国政府间气候变化专门委员会在其发布的报告中表示,全球温度上升的幅度和速度仍存在一些不确定性,而升温到底会产生什么样的影响,他们至今也不完全清楚。

问题之一是计算机模型远不是完美的,气候异常复杂。我们对气候还有很多不了解的地方,比如云是如何影响全球变暖的,再比如额外的热量会对生态系统产生哪些影响,等等。研究人员已经在研究这些问题,并试图找到答案。

目前,科学家对气候的了解已取得一定的进展,如果我们无法实现零排放的目标,他们很清楚这个世界将会发生什么。以下是几个关键点。

地球正在暖化,这种暖化源于人类活动,并且会产生糟糕的影响,毫无疑问这种影响还会进一步恶化。我们完全有理由相信,到某个时间点,这种影响会演变成灾难。这个时间点是30年之后还是50年之后,我们并不清楚。但考虑到解决这个问题的难度,即便最糟糕的情况发生在50年之后,我们也需要现在就行动起来。

相比于前工业化时期,全球平均温度已经因人类行为升高了至少1摄氏度。如果我们不着力减少排放,那么到21世纪中叶,全球平均温度可能会上升1.5~3摄氏度,到21世纪末将上升4~8摄氏度。

额外的热量会导致各种气候变化。在我解释接下来将会发生什么之前,我必须先提醒一下:虽然我们可以预测总体趋势,比如"炎热的天气将会增加""海平面将会上升",但对于某些特定事件,我们不能完全归咎于气候变化。举例来说,当热浪来袭时,我们不能完全肯定地说它是不是由气候变化引起的,但我们可以说气候变化在多大程度上增加了它的概率。就飓风而言,目前尚不清楚升温的海洋是否导致了风暴次数的增加,但越来越多的证据表明气候变化导致风暴更"潮湿",发生强风暴的次数也在不断增加。我们也不知道这些极端事件之间会不会发生作用,或者在多大程度上发生作用,进而造成更严重的影响。

我们还知道什么?

首先,异常炎热的天数将会增加。我可以给出美国各个城市的统计数据,但在这里,我挑选的是新墨西哥州的阿尔伯克基,因为我跟这个地方有一种特殊的联系:正是在这里,保罗·艾伦和我于1975年创办了微软。("Micro-Soft"才是创立之初完全准

第一章 为什么是"0"?

确的拼写。创办微软几年之后,我们明智地去掉了中间的连字符,并将大写的字母 S 改成了小写 s。) 20 世纪 70 年代中期,也就是我们创业的起步阶段,阿尔伯克基平均每年约有 36 天温度超过 90 华氏度。到 21 世纪中叶,该市每年温度超过 90 华氏度的天数将是之前的两倍。到 21 世纪末,这样的高温天气每年可能会达到 114 天。换句话说,当地居民每年经受炎热天气的时长将从 1 个月增加到 3 个月。

不是每个人都会同等程度地遭受更炎热和更潮湿的天气,比如西雅图地区(保罗和我在 1979 年把微软迁入该市)可能就不会遇到很多麻烦,到 21 世纪晚些时候,这里每年温度超过 90 华氏度的天数可能为 14 天,而在 20 世纪 70 年代,如此炎热的天气每年也就一两天。有些地方实际上可能受益于气候变暖。比如,在寒冷的地区,死于低体温症和流感的人数将会减少,家庭或企业采暖方面的支出也会减少。

但从整体趋势来看,气候变暖是弊大于利的,而且额外的热量会产生连带效应,比如风暴会越来越猛烈。风暴是否会因这些热量而变得更频繁,科学家在这方面仍存在争论,但总体而言,风暴似乎越来越强。我们知道,随着平均温度的上升,更多的水从地表蒸发到大气中。水蒸气是一种温室气体,但与二氧化碳或甲烷不同的是,它不会在大气中存留很长时间。最终,它会以雨或雪的形式降落回地面。在冷凝成雨的过程中,水蒸气会释放大量的能量。任何经历过雷暴雨的人对此都深有体会。

即便是最强劲的风暴，通常也只会持续短短几天，但影响长达数年之久。它会造成人员伤亡，而这本身就是一场悲剧。幸存者会因失去亲人而悲痛不已，灾难往往也会使他们一无所有。飓风和洪水还会破坏那些需要花费多年时间才能建起的建筑物、道路和电力线路。当然，这些设施都可以重建，但重建花费的时间和金钱原本是可以用于新的投资并推动经济增长的。我们总是试图回到原点，而不是迈步向前。据一项研究估计，2017 年的飓风"玛利亚"致使波多黎各的基础设施建设倒退了至少 20 年（见图 1-3[3]）。[4] 下一次风暴会在什么时候到来，又会让所到之处的基础设施建设倒退多少年？我们无从知晓。

图 1-3　飓风"玛利亚"让波多黎各的电网和其他基础设施建设倒退了约 20 年

第一章 为什么是"0"？

强风暴正在制造一种奇怪的景象——"穷的穷死，富的富死"：有些地方的降水越来越多，另外一些地方则经历着越来越频繁、越来越严重的旱灾。空气温度越高，其所容纳的水分越多。随着温度的升高，空气变得愈加干渴，进而从土壤中汲取更多水分。到21世纪末，美国西南部地区土壤中的水分将减少10%~20%，遭遇旱灾的风险概率将至少增加20%。旱灾还会危及科罗拉多河，这条河不仅为近4 000万人提供饮用水源，还灌溉了全美超过七分之一的农作物。

全球气候变暖意味着山火的发生会变得更频繁、更具破坏性。暖空气从植物和土壤中吸收水分，使得一切都易于燃烧。世界各地的情况存在很大差异，因为每个地方的条件变化都很大，但加利福尼亚的情况是一个代表未来趋势的显著例子。与20世纪70年代相比，现在加利福尼亚发生山火的频率是那时的5倍。究其原因，主要是山火季的持续时间越来越长，森林中易燃的枯木干柴也越来越多。美国政府表示，这其中一半的增长要归咎于气候变化，到21世纪中叶，山火给美国造成的损失将是现在的两倍，甚至更多。[5] 对记得美国2020年毁灭性山火季的人来说，这不免让人感到忧虑。

额外的热量造成的另一个后果是海平面上升，这其中的一部分原因是极地冰的融化，另一部分原因是海水升温后会膨胀。（金属也是同样的道理，这就是如果你的戒指摘不下来，可以将手指伸入温度较高的水中轻松摘下来的原因。）全球海平面整体的平均上升幅度听起来并不是很大——到 2100 年可能会比现在高几英尺①，但对某些地方来说，涨潮的影响会非常显著。海滨地区首当其冲，这并不意外；渗水特别严重的城市也会受到威胁。以迈阿密为例，即便在不下雨的时候，海水也会从排水通道里涌出来，这被称作"干季洪水"。而从目前的情况来看，这并不会有所好转。按照联合国政府间气候变化专门委员会预测的中等情景，到 2100 年，迈阿密周边海平面将上升近 2 英尺。另外，该市的一些地方正在下陷，这可能还会增加 1 英尺的水位。

对极端贫困人口来说，海平面上升对他们造成的影响更严重。孟加拉国就是一个典型的例子，作为贫困国家，它在脱贫的道路上已经取得良好的进展。但是，这个国家经常受恶劣天气的困扰：它在孟加拉湾有长达数百英里②的海岸线，大部分国土位于地势低洼、易发洪水的河流三角洲，每年都会遭遇强降雨。在这种情况下，气候变化使当地人的生活难上加难。在气旋、风暴潮和河流洪水的冲击下，孟加拉国 20%~30% 的国土经常被淹没，在这些淹没区，农作物绝收，居民家破人亡。

最后，额外的热量和导致额外热量产生的二氧化碳还会对动植物产生影响。联合国政府间气候变化专门委员会引用的一项

---

① 1 英尺约为 0.3 米。——编者注
② 1 英里约为 1.6 千米。——编者注

第一章 为什么是"0"?

研究指出,全球升温2摄氏度会让脊椎动物的地域分布范围缩小8%,植物的地域分布范围缩小16%,昆虫的地域分布范围缩小18%。[6]

至于我们吃的粮食,情况更为复杂,形势异常严峻。一方面,空气中存在大量的碳时,小麦和其他很多植物生长得更快,需要的水分会减少。另一方面,玉米对热量特别敏感,而玉米又是美国的主要农作物,每年产值超过500亿美元。[7]仅在艾奥瓦州,玉米的种植面积就超过1 300万英亩①。[8]

在全球范围内,气候变化将对我们从每英亩土地上收获的粮食产生怎样的影响,对此需要区分来看,因为这里面存在多种可能。北方地区的收成可能会增加,但大多数地区的收成会下降,下降幅度从几个百分点到50%不等。到21世纪中叶,气候变化可能导致欧洲南部地区的小麦和玉米减产50%;在撒哈拉以南非洲地区,农作物的生长季节可能缩短20%,另有数百万英亩的土地将出现严重的干裂现象;在贫困地区,粮食价格可能上涨20%甚至更多,而在这些地区,很多人原本就已经将超过50%的收入花在了吃饭上。中国的极端干旱可能引发地区乃至全球粮食危机。众所周知,中国的农业体系在为世界上五分之一的人口提供小麦、稻米和玉米。

---

① 1英亩约为0.004平方千米。1 300万英亩约为5.2平方千米。——编者注

额外的热量对那些我们可食用的动物以及能够为我们提供奶产品的动物来说也会产生副作用，降低它们的生产能力，甚至缩短它们的寿命。反过来，这一情况会进一步抬升肉、蛋和奶的价格。依赖于海产品的地区同样会遇到麻烦，这不仅仅是因为海水变暖了，也是因为洋流出现了分岔：各海域氧气含量不一，导致鱼类和其他海洋生物被迫迁移到不同的海域，否则就会灭绝。如果温度上升 2 摄氏度，珊瑚礁可能完全消失，这相当于破坏了 10 多亿人的一个主要海产品来源。

要么不下雨，要么倾盆大雨

你可能觉得 1.5 摄氏度和 2 摄氏度之间没有太大的差别，但气候科学家对这两种情景进行模拟运行后得出的并不是好消息。在很多方面，全球升温 1.5 摄氏度和升温 2 摄氏度所造成的影响远不是 33% 的差别，而是近 100%。与升温 1.5 摄氏度相比，在升温 2 摄氏度的情况下，受清洁水短缺影响的人口数量将翻一番，在热带地区，玉米将减产 50%。

在气候变化引发的所有这些效应中，每一种都非常糟糕，而且一个人不会只遭受其中一种而不遭受其他，比如仅仅遭受炎热的天气或洪水，这不是气候的运行机制，气候变化的效应是叠加的——一种摞着一种。

比如，在气候变暖之后，蚊子开始寻找新的生存环境（它们性喜潮湿，所以会从干燥的地方飞往潮湿的地方），结果就是一些地方出现了先前从未出现过的疟疾和其他虫媒病①病例。

中暑将会是另一个主要问题，首先它跟湿度有关。空气中只能包含一定量的水蒸气，达到上限（也就是饱和湿度）之后，它就无法再吸收更多水分。为什么要讲这一点呢？因为人体的降温能力取决于空气吸收蒸发的汗液的能力。如果空气无法吸收汗液，那么无论你分泌多少汗液，你的体温都不会降下来。因为汗液无处可去，所以你的体温会一直处在高水平状态。如果情况没有改变，那么在几个小时之内，你就会死于中暑。

当然，中暑并不是什么严重的疾病，但如果天气越来越热，空气越来越潮湿，那么中暑将演变成一个非常严重的问题。在最危险的地区，比如波斯湾、南亚和中国的一些地方，每年将有数亿人面临死亡威胁。

这些效应叠加之后会发生什么呢？我们来看一下气候变化对个体的影响。假设现在是 2050 年，你是一个年轻有为的农场主，在内布拉斯加州种植玉米和大豆，还养牛。气候变化会如何影响你和你的家人呢？

你生活在美国中部地区，远离海岸，所以海平面上升不会对

---

① 虫媒病是以节肢动物为传播媒介的一类传染病。——编者注

你造成直接伤害，但高温会。在 21 世纪的第二个 10 年里，你还是一个孩子，这里每年大概有 33 天的温度超过 90 华氏度；而今，这样的高温天气已经多达 65 天或 70 天。降水量也变得极不稳定：当你还是个孩子的时候，每年降水量约为 25 英寸[①]；而今，年降水量或少至 22 英寸，或多至 29 英寸，已不再像过去那样稳定。

或许，你已经按照炎热的天气和不可预测的雨量调整了先前的业务结构。多年前，你投资了耐热的新品种农作物，也采取了变通方法，可以让自己在一天中最糟糕的时段待在屋里。你不想在这些农作物或变通方法上投入更多资金，但问题是你找不到比它们更好的替代方案。

一天，一场强风暴不期而至，河水漫过几十年前修筑的堤坝，淹没了你的农场。在你父母的那个年代，这被称作百年一遇的洪水，但现在，你觉得这样的洪水能十年一遇就非常幸运了。大水冲走了你种植的玉米和大豆，你存储的谷物也完全被浸泡腐烂，你不得不把它们处理掉。理论上，你可以通过卖牛弥补这些损失，但问题是所有牛饲料也被冲走了，所以你没有办法继续饲养它们。

最终，洪水退去。这时，周边的道路、桥梁和铁轨已被冲毁，不能再用。如此一来，你不仅无法将保留下来的谷物运出去，而

---

① 1 英寸等于 2.54 厘米。——编者注

第一章 为什么是"0"？

且很难找到运输车运来下一个种植季所需的种子——当然前提是你的田地还可以继续耕种。洪灾造成的这些因素的叠加可能结束你的农场主生涯，迫使你卖掉家族几代人赖以生存的土地。

你可能觉得我挑选了一个极端的例子，但这样的事情已经在发生，尤其是那些贫困的农民，他们已经在遭受类似的灾害，几十年之后，必将有更多的人因此受到冲击。尽管这听来很糟糕，但从全球视角来看，你会发现世界上10亿极端贫困人口的情况更糟糕：他们终日为生活苦苦挣扎，艰难度日，随着气候变化，他们的生活无疑将更加艰难。

现在，想象一下你生活在印度农村地区，你们夫妻俩是仅能勉强维持基本生活的农民，这意味着你们一家人几乎会吃掉你们种的所有粮食。遇到收成好的年景，可能会剩下足够多的粮食，卖掉这些粮食之后，你就可以为孩子买药或送孩子去上学了。不幸的是，热浪一波接着一波。由于这种情况太常见，你所在的村庄已经不适合居住和生活——温度连续几天超过120华氏度已是见怪不怪。除了热浪，现在田地里又多了你从未见过的害虫，两者叠加导致你种的那些农作物很难存活。虽然雨季的降水淹没了印度大部分地区，但你所在区域的降水量远低于正常年份。这样一来，获取生活用水又成了新的问题，你只得靠一条一周只开几次水的管道过活，而那里的水只是稀稀拉拉地流。现在，要维持一家人的基本生活，难上加难。

你早就把家中长子送到几百英里外的大城市打工,因为家里已经养不起他了。你的一个邻居因不堪生活重负而自杀。你们是应该留下来继续种地,还是应该抛弃土地搬往市区并在那里谋生?

这是一个让人痛苦的决定,但世界各地面临这种选择的人不在少数,最终的结果令人悲伤。2007—2010年,叙利亚经历了有史以来最严重的旱灾,约150万人被迫离开农区,前往城市,为始自2011年的武装冲突埋下了隐患。受气候变化影响,当地发生旱灾的概率较早前高出了3倍。[9] 截至2018年,约1 300万叙利亚人为生计背井离乡。

这个问题只会越来越严重。有人专门研究了天气冲击与欧盟庇护申请之间的关系,结果发现:即便是中等程度的升温,到21世纪末,欧盟收到庇护申请的数量可能增加28%,至每年近45万份。该项研究还预计,到2080年,受农作物减产影响,2%~10%的墨西哥成年人会试图穿越边境进入美国。[10]

现在,全球正在经历新冠肺炎"大流行"。让我们把这一切放入与这场疫情相关的语境,如果你想了解气候变化会造成什么样的破坏,那么你可以看看这场疫情,然后把它给我们造成痛苦的时间(也就是它的流行期)进一步拉长。如果不消除碳排放,那么我们所要承担的后果会跟这场疫情造成的生命损失和经济灾难一样。只不过,在气候变化的世界里,这样的后果会定期出现。

先从生命损失说起。有多少人会死于新冠肺炎"大流行",又有多少人会死于气候变化?因为我们想要比较的是发生在不同时间点的事件——比如2020年的疫情和2030年(或其他时间)的气候变化,但到那个时候,全球人口数量也会发生变化,所以我们无法比较绝对的死亡人数。因此,我们在这里用死亡率这一指标,即每10万人口的死亡人数。

使用1918年西班牙流感和当前新冠肺炎疫情的数据,然后按照一个世纪的长度计算平均值,我们可以估算出全球流行病导致的全球死亡率:每年每10万人中约有14人死亡。

与气候变化相比如何呢?到21世纪中叶,全球升温预计会使全球死亡率增加同等比例,即每10万人中约有14人死亡。到21世纪末,如果温室气体排放增长量继续维持在高水平,那么每10万人中,气候变化可能会额外造成75人死亡。

换句话说,到21世纪中叶,气候变化可能变得跟新冠肺炎一样致命。而到2100年,它的致命性可能达到该流行病的5倍。

就经济领域来看,形势也很严峻。气候变化和新冠肺炎疫情对经济造成的可能性影响,基于你所使用的经济模型的不同,存在较大差异,但结论很清楚:在下一个10年或20年,气候变化对经济造成的破坏相当于每10年爆发一次与新冠肺炎规模相当的流行病。如果我们这个世界仍延续当前的温室气体排放模式,那么到 21 世纪末，情况会更加糟糕。[1]

如果你一直关注气候变化新闻，那么对于本章中的很多预测，你可能都不会感到陌生。但随着全球温度的上升，这些问题都会更频繁地出现，它们会带来更严重的后果，也会波及更多的人口。另外，也有可能发生相对突然的灾难性气候变化，比如，在受到足够高的温度影响时，地球上的大部分永久冻土层会融化，进而将原本贮藏于其中的巨量温室气体（主要是甲烷）释放出来，引发气候灾难。

尽管科学上的不确定性依然存在，但我们非常清楚，等待我们的并不是好的结果。对此，我们可以做两件事情。

适应气候变化。我们可以设法把已经出现的和已经预见到的气候变化的影响降到最低。因为气候变化对极端贫困人口的影响最大，而且极端贫困人口中的大多数是农民，所以适应气候变化是盖茨基金会农业团队的工作重点。比如，我们资助了大量的农作物研究项目，旨在培育抗旱耐涝的新品种，因为在接下来的几十年里，旱涝灾害的发生会更频繁，而且造成的损失将更严重。我会在第九章进一步解释适应气候变化的问题，并给出一些我们

---

[1] 我们来看计算方法，最近的模型表明，2030 年气候变化造成的损失可能占到美国每年国内生产总值（GDP）的 0.85%~1.5%。而按当前的预计，2020 年，新冠肺炎对美国造成的损失占到美国 GDP 的 7%~10%。如果我们假设类似的破坏活动每 10 年发生一次，那么平均下来，每年造成的损失将占美国 GDP 的 0.7%~1%——这与气候变化造成的损失大致相当。

在该问题上需要采取的措施。

减缓气候变化。本书的大部分内容并不是关于适应气候变化的，而是关于另外一件我们需要去做的事情：不再向大气中增排温室气体。为避免灾难的发生，世界上的碳排放大国（一些富裕国家）必须在2050年之前实现净零排放，中等收入国家需要尽快实现这一目标，其他国家最终也需要实现这一目标。

富裕国家应率先实现净零排放。在这个问题上，我听到过有人提出反对意见："为什么首当其冲的必须是我们？"这并不仅仅因为我们是问题的主要制造者（尽管这是事实），也是因为这是一个巨大的经济机遇：那些建立起伟大的"零碳"企业和伟大的"零碳"产业的国家，无疑将在未来几十年里引领全球经济。

富裕国家具备开发创新型气候解决方案的最佳条件：它们有政府资金，有研究型大学，有国家实验室，也有可吸引世界各地人才的初创公司，所以它们需要率先行动起来，引领发展。无论是谁取得重大能源突破，只要证明这些突破性技术能以一种可负担的价格推广到全球，那么它都会在新兴经济体中找到很多有需求的客户。

我了解很多可帮助我们实现零排放目标的路径。在就此展开详细探讨之前，我们需要估量一下实现这一目标有多么艰难。

第二章

艰难之路

如果没有创新驱动,人类无法实现零排放的目标。

请不要因本章的标题而感到压抑。我希望我现在已经说清楚了,那就是我相信零排放的目标是可以实现的。在接下来的几章里,我将试着向你说明为什么我这样认为,以及我们怎样才能达成这一目标。但是,在我们需要做什么及我们需要克服哪些困难方面,如果不讲求会计诚信,我们是无法解决气候变化之类的问题的。因此,带着我们能找到解决方案的想法,其中包括加快从化石燃料到清洁能源过渡的方法,让我们来看看我们当前面临的最大障碍。

化石燃料如同水资源。我是已故作家戴维·福斯特·华莱士的忠实粉丝,我正在看他的长篇小说《无尽的玩笑》(*Infinite Jest*),我会以我自己的方式慢慢品读他写过的所有文字。2005年,华莱

士在凯尼恩学院的毕业典礼上发表了一次现已广为人知的精彩演讲。在演讲开头,他讲了这样一个故事:

> 两条小鱼在水里游,碰巧遇到一条迎面而来的年老的鱼。那条年老的鱼朝它们点了点头,然后说:"小朋友们,早上好,水怎么样啊?"两条小鱼听后继续游了一会儿,其中一条终于忍不住问另一条:"水到底是什么东西?"①

图 2-1　水到底是什么东西 1

华莱士解释说:"在关于鱼的这个故事中,最直接的一点就是,那些显而易见、普遍存在和至为重要的事实往往最难以觉察,也最难以言表。"

---

① 可以通过网站搜索阅读这篇题为"这就是水"的演讲稿,内容非常棒。

第二章 艰难之路

化石燃料就是这样，它们是如此普遍，以至于我们都难以全面了解它们（以及其他温室气体来源）对人类生活的种种影响。我发现，要在这方面讲清楚，最好还是从日常生活中的物品说起。

你今天早上刷牙了吗？牙刷的主要材料是塑料，而塑料是由化石燃料石油制成的。

你早餐吃的面包、喝的麦片，其谷物原料是使用肥料种植的，而生产肥料的过程会释放温室气体。收割谷物的拖拉机是用钢制造的，炼钢的过程会排放碳，而且拖拉机行驶烧的是汽油。再看你午餐时吃的汉堡，我中午偶尔也会吃汉堡，其所用牛肉涉及温室气体排放，因为牛在打嗝和放屁时会释放甲烷；制作汉堡胚要用小麦，在种植和收割小麦的过程中也会排放温室气体。

你穿的衣服可能是棉质的，种植和采摘棉花会使用肥料和机器；也可能由聚酯纤维制成，聚酯纤维是用乙烯制造的，乙烯则来自石油。你使用的卫生纸，涉及树木的砍伐，而这一过程也会释放碳。

如果你今天上班或上学乘坐的是电动交通工具，很棒——尽管这些电力可能也是用化石燃料生产的。你乘坐的火车的运行轨道是用钢制造的，在隧道的修建过程中也会用到水泥，水泥的生产同样会用到化石燃料，也会释放碳。你驾驶的汽车或乘坐的公交车是由钢和塑料制成的，跟你在周末骑行的自行车的制造材料相同。铺设你开车走的道路会用到水泥，也会用到沥青，而沥青也源于石油。

如果你住的是公寓楼，那么你四周可能都是水泥；如果你住的是木屋，那么木材的砍伐和修剪会用到气动机器设备，而这些设备是由钢和塑料制造的。你家中或办公室里可能装有供暖系统或空调系统，它们不仅会耗费相当多的能源，而且空调设备的冷却剂也是一种强力温室气体。如果你坐的是由金属或塑料制造的椅子，那么还会造成更多排放。

另外，这些物品（从牙刷到建材）几乎都是用卡车、飞机、火车或轮船从一个地方运送到另一个地方的，这些运输工具本身都是以化石燃料为动力源，而且在制造过程中也用到了化石燃料。

换句话说，化石燃料无处不在。仅以石油为例，全球每天至少消耗40亿加仑[①]石油。无论是哪种产品，在如此庞大的规模下，人类都不可能在一夜之间停用。

更重要的是，化石燃料之所以无处不在，背后有很好的理由支持——价格低廉。正如人们所说，石油比软饮料还便宜。我第一次听到这个说法时，还不敢相信，但这是真的。我们来算一下：一桶石油大约42加仑，2020年下半年，每桶石油的平均价格约42美元，所以每加仑石油的价格约1美元。同一时期，在Costco超市，8升装苏打水售价6美元，折算下来，相当于每加仑2.85美元。[2]

---

① 1美制加仑约等于3.79升。——编者注

第二章 艰难之路

即便把油价波动考虑在内，结论也是一样的：作为一种产品，全球日消耗量高达40余亿加仑的石油，其价格还不及健怡可乐。

化石燃料的价格如此之低，并非没有道理。它的储量非常大，而且易于运输。我们已经建立起规模庞大的全球性产业，用于化石燃料的钻探、开采、加工和运输，并通过运用不断开发的创新成果维持它的低价。显然，它的价格并没有反映出其所造成的危害，也就是在提炼和燃烧过程中对气候变化、污染和环境退化造成的影响。关于这方面的内容，我会在第十章中详细讨论。

就化石燃料而言，光是想一想这个问题的广度，就已经让人眩晕了。不过，它还没有发展到让人束手无策的地步。一方面，我们要部署已有的清洁能源和可再生能源；另一方面，我们要在"零碳"能源领域实现突破。这样一来，我们就可以找出有助于实现净零排放的路径。这其中关键的一点就是降低清洁能源的成本，使之变得和使用化石燃料的成本一样低，或者两者大致相当。

我们需要加快步伐，因为……

这种情况并不仅仅存在于富裕国家。在这个世界上，几乎所有地区的人都比以前活得更长，也更健康。人们的生活水平不断上升，对汽车、道路、房屋、冰箱、计算机和空调的需求日益增长，对维持它们正常运转的能源的需求量也更大。因此，人均能源使用量将增加，同时增加的还有人均温室气体排放量。为生产我们所需的能源，需要建造相应的基础设施，比如风力涡轮机、太阳能电池板、核电厂、电力存储设施，甚至在这个建造过程中也会涉及更多的温室气体排放。

每个人都将使用更多的能源，但事情并未到此为止。全球人口数量不断增加，到 21 世纪末将迈上 100 亿的台阶，而这其中的增长大多数来自高碳排放城市。城镇化的步伐之快，令人难以置信：到 2060 年，世界建筑存量（与建筑物数量及面积相关的一个指标）将翻一番，相当于连续 40 年，每个月都再建一个纽约市（见图 2-2[3]）。究其原因，主要与新兴发展中国家的增长有关（见图 2-3[4]）。

图 2-2 这相当于连续 40 年，每个月都再建一个纽约市

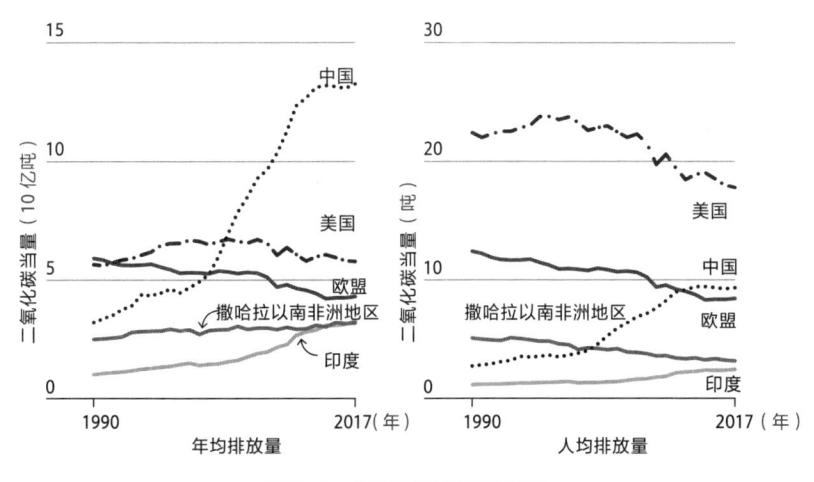

图 2-3　按地区划分的排放量

注：美国、欧盟等先进经济体的排放量基本处于持平状态，甚至有所下降，但很多发展中国家的增速很快，部分原因是富裕国家将高排放制造业转移到了发展中国家。

资料来源：UN Population Division；Rhodium Group

就改善人们的生活水平来说，这自然是好消息，但对气候来说无疑是坏消息。想想看，世界上最富裕的 16% 的人口产生了全球近 40% 的排放量（这还不包括在其他地区生产但在富裕国家消费的那部分产品的排放量）。如果越来越多的人像最富有的那 16% 的人一样生活，这个世界将会发生什么？到 2050 年，全球能源需求将增加 50%，而如果其他的一切未有改变，那么全球碳排放量也会增加大致相同的比例。即便富裕国家今天就能神奇般地实现零排放，也无济于事，因为世界上的其他国家还是会越排越多。

试图阻断处于经济阶梯底层的人的上升通道是不道德的，也是不切实际的（见图 2-4[5]）。我们不能因为富裕国家已经排放太多

图 2-4

注：很多农民仍采用古老的耕作方式，这也正是他们身陷贫困泥潭的原因之一。他们应该得到现代化的装备和技术，但从当下情况来看，使用这些工具意味着产生更多的温室气体。

的温室气体就要求贫困群体一直穷下去，更不要说即便我们有这种想法，我们也做不到。相反，我们要做的是创造条件，在不加剧气候变化问题的情况下，让低收入群体沿着经济阶梯向上攀爬。我们需要尽快实现零排放的目标，我们甚至要生产比现在还要多的能源，但前提是必须不再向大气中增排任何碳。

不幸的是……

历史并没有站在我们这一边。仅从早前能源转型所用的时间来看，"尽快"是一个漫长的历程。

我们做过类似的事情——从依赖一种能源转向依赖另一种能

第二章 艰难之路

源,我们知道这个过程往往需要持续几十年。(关于这个话题,我读过的最好的书是瓦科拉夫·斯米尔的《能源转型》和《能源神话与现实》。)

在人类历史长河的大部分时间里,我们的主要能量来源是我们自己的肌肉,是可以帮我们干活的动物——比如那些用来拉犁的,以及我们燃烧的植物。19世纪90年代末之前,化石燃料在世界能源消耗中的占比还未超过50%。中国直到20世纪60年代才完成这一能源转型。在亚洲和撒哈拉以南非洲地区的一些地方,这一转型甚至还没开始。[6]

你可以想一下,石油在人类能源供应中成为重要组成部分花费了多长时间。[7] 要知道,石油的商业化生产从19世纪60年代就开始了。

半个世纪之后,它在世界能源供应中的比例仅为10%。这之后又过了30年,这个数字才达到25%。

天然气也经历了类似的轨迹。1900年,它在世界能源供应中的占比为1%,而把这一数字提升到20%,用了70年。核裂变比它要快得多,从无到有,到占比10%,总共用了27年。[8]

图2-5显示了人类生活中的不同能源在60年间的增长情况:1840—1900年,煤在世界能源供应中的占比从5%上升到近50%;1930—1990年,天然气在世界能源供应中的占比才达到20%。[9] 简而言之,能源转型是一个漫长的过程。

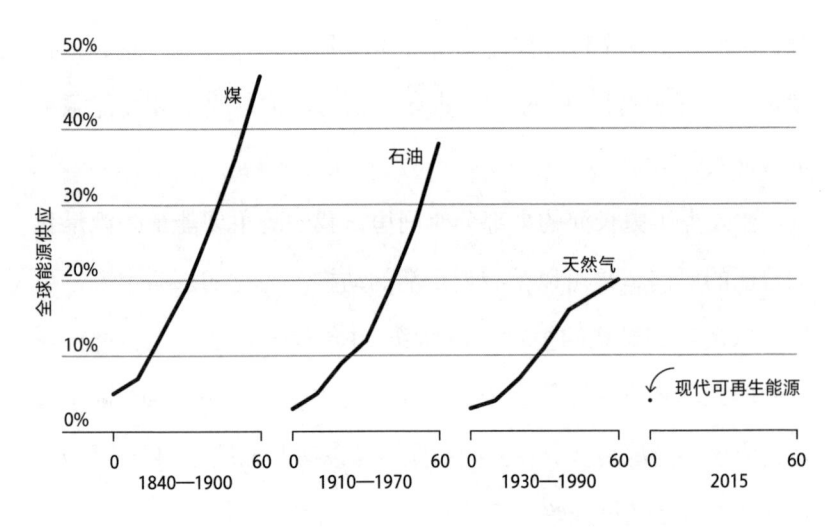

图 2-5　新能源的采用需要相当长的时间

资料来源：Vaclav Smil, *Energy Transitions*

燃料源还不是唯一的问题，在采用新型交通工具方面也有很长的路要走。内燃机是 19 世纪 80 年代发明的，而让 50% 的城市家庭拥有汽车用了多长时间呢？美国用了三四十年，欧洲用了七八十年。

更重要的是，我们现在所需要的能源转型是由先前对我们来说不重要的东西驱动的。过去，我们之所以从一种能源转向另一种能源，是因为新能源的价格更低廉，因此转换动力更大。比如，我们不再燃烧数量庞大的木柴转而开始大量烧煤，原因就在于 1 磅① 重的煤提供给我们的光和热远超 1 磅重的木柴。

---

① 1 磅约为 0.45 千克。——编者注

第二章 艰难之路

举一个最近发生在美国的例子，美国电力公司越来越多地使用天然气，煤的用量则越来越少。为什么？因为新的钻探技术大大降低了开发天然气的成本。这是一个经济问题，而不是环境问题。其实，天然气和煤孰优孰劣，取决于二氧化碳当量的计算方式。部分科学家宣称，天然气对气候变化造成的影响实际上大于煤，这与天然气在加工过程中的泄漏程度有关。[10]

随着时间的推移，我们自然会转向使用更多的可再生能源，但如果放任其自行发展，我们就无法达到期望的转型速度。再者，我们会在第四章中看到，如果没有创新驱动，人类也无法实现零排放的目标。因此，我们必须用强有力的手段，以超乎寻常的速度推进能源转型。这就在公共政策和技术等领域造成了一定程度的复杂性，这种复杂性恰恰是我们从未应对过的。

为什么能源转型需要如此漫长的过程？

燃煤电厂跟计算机芯片厂是不一样的。 你可能听说过摩尔定律——戈登·摩尔在1965年预测微处理器的能力每隔两年会提升一倍。事实证明戈登是对的，而摩尔定律也是计算机和软件行业一路腾飞的主要原因之一。随着处理器能力的不断增强，我们可以开发更好的软件，它驱动市场对计算机的需求，对计算机需求的增加又为硬件公司提供了持续改进机型的动力，这反过来又要求我们持续开发更好的软件。如此循环往复，也就形成了一个正反馈环。

摩尔定律之所以能发挥作用，是因为硬件公司一直在寻找制造晶体管（驱动计算机的微型开关）的新工艺，以不断缩小它们的尺寸，这样就可以在单一芯片上封装更多的晶体管。人们今天制造的计算机芯片上的晶体管数量大约是1970年制造的计算机芯片上晶体管数量的100万倍，因而其性能也强大了100万倍。

你有时会听到人们引述摩尔定律作为理由，认为人类在能源领域也可以取得同样的指数级进步。如果计算机芯片可以以如此快的速度取得如此大的进步，那么汽车和太阳能电池板为什么不能呢？

令人遗憾的是，它们的确不能。计算机芯片是个例外，它们的性能越来越强大，是因为我们找到了可以把更多晶体管封装在单一芯片上的方法，但我们无法通过技术突破让汽车的耗油量降到先前的百万分之一。我们来看一下亨利·福特的生产线：第一台T型车是1908年下线的，每加仑汽油行驶里程约为21英里。在我撰写本书时，市场上顶级的混合动力汽车，每加仑汽油可行驶58英里。在超过一个世纪的时间里，燃油经济性的提升不到此前的3倍。

太阳能电池板的性能也没有提升100万倍。晶体硅太阳能电池在20世纪70年代被引入时，其光电转换率约为15%，今天这个数字大概是25%。进展很大，但你很难说它符合摩尔定律。

能源行业无法像计算机行业一样实现快速变革，技术只是原

第二章 艰难之路

因之一，还涉及规模问题。能源行业规模巨大，也是全球最庞大的业务之一，其每年的市场规模高达 5 万亿美元。任何大而复杂的事物都会抗拒变革，自觉或不自觉地，我们在能源行业内养成了很强的惰性。

我们对比看一下软件行业是如何运营的。在软件行业，你的产品不需要任何监管机构批准。即便你发布了一款不甚完美的软件，但只要它的净效益足够高，客户依然会对其给予热烈回应，并积极给出改善意见。而且，在这个行业，成本几乎都是预付成本，完成一款产品的开发之后，生产更多该产品的边际成本趋近于零。

我们再看看药品和疫苗行业。新药上市远比新软件上市难。事情本就应该这样，如果药品损害身体健康，那么其后果比存在缺陷的应用软件要严重得多。一种新药在最终被用到病人身上之前涉及基础研究、药物开发、药物测试的监管批准等诸多步骤，这一路下来需要很多年。然而，一旦证明新药是有效的，那么在之后的成药制造过程中，其成本极其低廉。

现在，我们把这两个行业同能源行业进行比较。首先，在能源行业，你要投入庞大的资本成本，这一点是确定无疑的。假设你花 10 亿美元建了一座燃煤电厂，那么接下来你再建一座燃煤电厂，其成本不会有丝毫的减少。你的投资者拿出这些钱是期望建起来的电厂能运营 30 年乃至更长时间，如果在该厂运营到第 10

个年头时有人发明了一种更好的技术，你是不会打算就此关掉旧厂进而再建一座新厂的。你至少没有很好的理由这样做，比如巨大的财务回报或政府监管机制的强制要求。

其次，我们这个社会对能源行业的风险容忍度很低。这一点是可以理解的，我们需要可靠的电力。在用户每次按动开关时，电灯最好立刻就能亮起来。我们还担心灾难，事实上，对安全的担忧几乎扼杀了美国新建核电厂的计划。自三里岛事故和切尔诺贝利核事故发生以来，美国仅建设了两座核电厂——尽管一年之中死于燃煤污染的人比死于所有核事故的人的总和还要多。

在坚持固有事物方面，人类有着强烈且可以被理解的动机，尽管我们知道这一事物是致命的。我们要做的就是改变这些动机，进而打造一个能源体系，使之全面涵盖我们所喜欢的东西（比如可靠性和安全性），并摒弃我们所不喜欢的东西（比如对化石燃料的依赖）。但这并非易事，因为……

我们的法律法规已经严重过时。"政府政策"这个词并不会让人产生一种火烧眉毛的紧迫感。但毋庸置疑，政策（从税收条例到环境法规的一切政策）对人类和企业的行为有着重大影响。除非正确解决这一问题，否则我们无法实现零排放的目标。但在这方面，我们还有很长的路要走。（我在这里讲的是美国的情况，当然也适用于其他很多国家。）

其中一个问题是，当今很多有关环境的法律法规在起草时并

第二章 艰难之路

没有把气候变化考虑在内，它们的施行是为了解决其他方面的问题，而现在我们试图用它们来减少温室气体排放量。在某种程度上，这就好比用20世纪60年代的大型计算机尝试开发人工智能。

比如《清洁空气法》，这是美国政府制定的与空气质量相关的最知名的法律，但它几乎没有提及温室气体。当然，这并不令人惊讶，因为它最初是在1970年通过的，目的是减少当地空气污染对健康的危害，而不是为了应对不断上升的全球温度。

再比如被称作"公司平均燃油经济性"（CAFE）的燃油经济性标准，该标准是在20世纪70年代通过的，因为当时油价大幅飙升，美国人希望开上燃油效率更高的汽车。燃油效率高是好事，但现在我们需要做的是加大电动车的推广力度，在这方面，公司平均燃油经济性标准不会起太大作用，因为它不是为此设计的。

过时的政策并不是唯一的问题，我们应对气候和能源问题的策略一直在围绕选举周期变化。每隔4~8年，入主华盛顿的新政府就会提出自己的能源优先事项。优先事项的改变本身并没有错，而且每届新政府都会这样做。问题是，这会严重影响那些依靠政府拨款的研究人员，也会严重影响那些依赖税收激励政策的企业家。如果每隔几年就不得不停下手上的工作，再从头开始另外的研究，那么不管是什么项目，都很难取得真正的进展。

另外，选举周期还在私人市场中创造了一种不确定性。政府提供各种税收优惠政策，旨在推动更多公司开展突破性的清洁能源研究。但这些政策发挥的作用相当有限，因为能源创新是一项艰巨的任务，很可能需要几十年才能修成正果。为了一个创意，你可能花了几年的时间，但在新政府上台之后，你原本指望的激励政策却全被废除了。

最根本的一点是，我们当前的能源政策对未来温室气体排放的影响几乎可以忽略不计。你可以把所有有案可查的联邦政府政策和州政府政策汇总起来，然后把它们在2030年前可贡献的减排量相加，看看它们的影响有多大。合计起来，这个数字是3亿吨，约为美国2030年预计排放量的5%。这没有什么可嘲讽的，但话说回来，仅仅依靠现有的政策，并不足以助我们实现零排放的目标。[11]

这并不是说我们无法拿出可对温室气体排放产生重大影响的政策。公司平均燃油经济性标准和《清洁空气法》均发挥了它们所应发挥的作用：汽车燃油效率提高了，空气也变得更清洁。目前，在与排放相关的领域，美国政府出台了一些颇为有效的政策，但这些政策之间并不具有关联性，从整体效果看，它们也还不足以对气候问题产生真正有意义的影响。

虽然我相信我们可以改变现状，但这必然是一条艰难之路。首先，修改现有法律比引入一部重要法律容易得多。从新政策的制定到公众意见的获取，从与法律挑战相关的法院裁定到政策的最终实施，是一个漫长的过程。更不用说现在还存在这样一种实际情况……

第二章　艰难之路

人们在气候问题上的共识并没有你想的那么多。在这里，我说的并不是大约97%的科学家的共识——在他们看来气候正在因人类活动而发生变化。的确，仍有一小部分人没有被科学说服，而这其中也包括一些强有力的声音，甚至是与政治相关的声音。但即便你接受气候变化的事实，也未必就认同这样一种理念：我们应当大规模投资有助于应对气候变化的突破性技术。

比如，有人会说："是的，气候正在发生变化，但这不值得我们花那么多钱去阻止或适应这种变化。相反，我们应该把重点放到那些对人类福祉影响更大的事项上，比如健康和教育。"

对于这样的论调，我的回应是：除非我们迅速实现零排放，否则糟糕的事情（或许有很多）极有可能在我们大多数人的有生之年发生，非常糟糕的事情则会在下一代人的时间内发生。即便气候没有恶化到威胁人类生存的程度，它也会让大多数人的境况变得更糟，对极端贫困人口的影响更甚，他们会更加穷困。在我们停止向大气中增排温室气体之前，这种情况会持续恶化。因此，它理应受到与健康和教育同等程度的重视。

我们常听到的另一个论调是这样的："是的，气候变化是真的，它的影响也是糟糕的，但我们有阻止它的一切手段。凭借太阳能、风能、水能，以及其他一些工具，我们足以应对气候变化。这其实是一个很简单的问题，只是看我们有没有意愿部署这些工具。"

在第四章到第八章中，我会解释为什么我不认同这一观点。在应对气候变化的问题上，我们是具备一些所需的工具，但还远远不够。

在建立气候共识方面，我们还面临另外一个挑战：众所周知，国际合作是个大难题，无论涉及什么事情，要让世界各国达成一致很难，特别是当这些事情会产生新的成本时，比如控制碳排放的开支。没有一个国家愿意单独为碳减排买单，除非其他国家都愿意为之付出努力。就此而言，《巴黎气候变化协定》（简称"巴黎协定"）是一项非常了不起的成就：超过190个国家签署了这项旨在限制排放的协定。之所以说它意义重大，并不是因为现有的承诺将实现大幅度减排（如果各国都兑现了各自的承诺，那么到2030年，温室气体的年排放量可减少30亿~60亿吨，尚不及当前总排放量的12%），而是因为这是一个起点——一个证明全球合作存在可能性的起点。美国退出2015年达成的《巴黎协定》的事实表明，维持全球契约跟当初建立全球契约一样困难重重。新一任美国总统拜登后来又宣布重新加入《巴黎协定》。①

总之，我们需要以比先前任何时候都快的速度完成一项从未遇到的艰巨任务。为此，我们需要在科学和工程领域实现众多突

---

① 2020年11月4日，美国正式退出《巴黎协定》。2021年1月13日，拜登在社交媒体上宣布美国将重回《巴黎协定》。——编者注

第二章 艰难之路

破。我们需要着手建立新的共识，并制定新的公共政策，推动若非如此就不会出现的转型。我们需要一个新的能源体系，既能阻止我们去做我们不喜欢的事情，又能帮助我们去做我们喜欢的事情——换言之就是在不变中寻求彻底改变。

切勿绝望。我们是可以做到这些的，至于具体怎么做，我们已经有很多想法，其中也包括一些很有前景的想法。在接下来的一章中，我会解释我是如何区分这些有前景的想法的。

第三章

气候对话中的五个关键问题

我们需要新的技术、新的公司和新的产品来降低绿色溢价。

在刚开始研究气候变化时，我总是遇到一些令人费解的事实。一个问题是各种数字太大了，大到令人难以想象。谁知道510亿吨气体是什么样子？

另外一个问题是，我看到的数据往往缺乏上下文，没有相关背景可查。比如，有一篇文章称，欧洲的一项碳交易计划每年可使航空部门的碳足迹减少1 700万吨。1 700万吨听起来的确很多，但果真如此吗？它在总量中的占比是多少？这篇文章并没有说，类似的遗漏情况可谓司空见惯。

最终，我为我正在学习的知识建起了一个思维框架，这个框架让我明白了多少是很多、多少是很少、某个东西可能有多贵，等等。它帮我梳理出最具前景的想法。我发现这个方法大有助益，对于我深入探讨的每个新话题几乎都有帮助:我先试着掌握了整体情况,因为这可以让我获得相关的背景知识,便于我理解新的信息。另外,这也让我更容易记住这些信息。

我提出的这个包含5个问题的框架至今仍派得上用场——无论是听取能源公司的投资计划还是跟朋友在后院烧烤时讨论问题。在不久的将来,你可能会读到有关气候解决方案的评论性文章,肯定也会听到政客兜售的应对气候变化的计划,这些都是可能让人感到困惑的复杂问题。我的这个框架会帮助你厘清思路、直抵要害。

1. 我们谈论的吨数在510亿吨中占多大比例?

每当读到与温室气体排放量相关的数字时,我都会迅速换算一下,看看它在总计510亿吨的年排放量中所占的比例。于我而言,这比那些经常看到的其他类型的比较更明确、直观,比如"这么多吨相当于在路上少开一辆车",谁知道一开始路上有多少辆车?或者,为应对气候变化,我们需要少开多少辆车?

我更喜欢把一切同一年消除510亿吨温室气体的主要目标联系起来。你不妨想一想我在本章开篇提到的航空部门的例子,那项计划一年可减少1 700万吨的温室气体排放。用这个数字除以510亿吨后换算成百分比,这一幅度的减排量约占全球年排放量的 0.03%。

这是不是一个有意义的贡献？答案取决于这个数字可能会上升还是保持不变？如果该项目的起始点是 1 700 万吨，后续还有巨大的减排潜力，这是一回事；如果该项目只能维持 1 700 万吨的量，而且之后也不会发生变化，则是另外一回事。令人遗憾的是，答案并不总是显而易见的。（在我阅读有关这个航空项目的文章时，我没有找到明确的答案。）但这是一个很重要的问题。

我们为突破能源联盟资助的技术项目设定了门槛：在相关技术项目研发成功和全面实施之后，每年至少可以减少 5 亿吨的排放量，约为全球年排放量的 1%。减排幅度永远都达不到 1% 的技术，不应该占用我们为实现零排放目标而安排的有限资源。对于这类技术的研发，可能还有其他很好的理由，但其中并不包括可以大规模减少温室气体排放量。

顺带提一句，你可能看到过用以表述温室气体量的单位——千兆吨（gigaton），1 千兆吨是 10 亿吨（如果你更喜欢科学计数法，那这个数就是 10^9 吨）。我不认为大多数人能直观地了解 1 千兆吨气体是什么概念。另外，消除 51 千兆吨听起来比消除 510 亿吨要容易——尽管这两个数字一样大。我会继续使用 10 亿吨这个单位。

小贴士：无论何时，当看到与温室气体相关的吨数时，你都要把它转换成占年总排放量 510 亿吨（以二氧化碳当量计算）的百分比。

2. 你在水泥方面有什么计划？

在谈论一个应对气候变化的综合方案时，你需要考虑人类造成温室气体排放的所有活动，以及这些活动的方方面面。有些东西（比如电力和汽车）会受到较多关注，但它们只是话题谈论的浅层次。乘用车在交通运输排放总量中的占比不到 50%，交通运输排放总量在全球温室气体总排放量中的占比仅为 16%。

相比之下，钢和水泥生产过程中的温室气体排放量在全球总排放量中的比例达到 10% 左右。因此，在制订应对气候变化的综合方案时，问"你在水泥方面有什么计划"只是一个提醒，让你知道你要考虑的远不止电力和汽车。

表 3-1 是造成温室气体排放的所有人类活动的细分情况。[1] 不

---

[1] 这些百分数代表的是全球温室气体排放量的占比。对不同来源的排放量进行分类时，必须解决的问题之一是，对于那些在制造和使用过程中均会产生温室气体排放的产品，要采取何种计算方法。比如，炼制汽油时会造成温室气体排放，后期燃烧汽油时也会产生温室气体。在本书中，我把生产和制造部门产生的所有排放量放入了"生产和制造"一类，在使用过程中产生的排放则被归入各自相应的类别。由此，炼制汽油就被归入"生产和制造"，燃烧汽油则被归入"交通运输"。对于汽车、飞机和轮船，也是采用同样的方法分类，制造它们所用的钢的排放被归入"生产和制造"，它们使用燃料过程中的排放则被归入"交通运输"。

是每个人都会采用与之完全相同的分类，但我认为这种细分是最有帮助的。这也是突破能源联盟所采用的细分方法。

表 3-1 源于人类活动的温室气体排放量的占比

生产和制造（水泥、钢、塑料）	31%
电力生产与存储（电力）	27%
种植和养殖（植物、动物）	19%
交通运输（飞机、卡车、货船）	16%
取暖和制冷（供暖系统、冷却系统、制冷系统）	7%

实现零排放的目标意味着所有这些类别都要归"0"。

你可能会惊讶地发现，电力生产造成的温室气体排放量在全球总排放量中所占比例刚刚超过四分之一。在最初了解到这一点时，我也吃了一惊：因为我读过的大多数关于气候变化的文章都把重点放到了发电上，这也让我觉得它一定是温室气体排放的罪魁祸首。

好消息是，尽管电力部门的温室气体排放只占总排放量的27%，但它所代表的解决方案的作用远超27%。有了清洁电力，我们就可以不再用碳氢化合物作为燃料。要知道，燃烧碳氢化合物会释放二氧化碳。想一想电动汽车和电动公交车，我们家中和公司里的电力供暖系统和电力制冷系统，以及用电力而不是天然气生产产品的能源密集型工厂。仅靠清洁电力本身，无法实现零排放的目标，但在实现这一目标的过程中，清洁电力是关键一环。

小贴士：记住，温室气体排放源于5种不同的活动，在所有这些活动领域，我们都需要找到解决方案。

3. 我们谈论的电能有多大？

这个问题主要出现在与电力有关的文章中。你可能会看到某座新建的电厂发电量将达到500兆瓦，这个产能规模很大吗？兆瓦到底是什么？

1兆瓦等于100万瓦特，而1瓦特等于1焦耳每秒。就我们的目的而言，知不知道焦耳无关紧要，记得它是个能量单位就行了——就是一点点的能量。你可以这样想：如果要测量厨房水龙头的水流大小，可能会计算每秒流出了多少杯水。电力测量与之大同小异，只不过测量的是能量的流动，而不是水的流动。在这里，瓦特相当于"杯每秒"。

1瓦特是非常小的，一枚小小的白炽灯的功率为40瓦特，电吹风的功率为1 500瓦特。一座电厂可能会生产数亿瓦特。世界上最大的发电站——中国的三峡大坝，可以生产220亿瓦特。（记住，1瓦特的定义中已经包含了"每秒"，所以不存在瓦特每秒或瓦特每小时等说法。瓦特就是瓦特。）

因为这些数字增长很快，所以使用一些简略的表达方式是很方便的。千瓦（KW）表示1 000瓦特，兆瓦（MW）表示100万瓦特，吉瓦（GW）则表示10亿瓦特。你经常会在新闻中看到这些缩写，所以我在本书中也采用了这种表述方式。

表3-2是一些粗略的对比，有助于提供一种直观印象。[1]

表3-2 它需要多少电能

全球	5 000GW
美国	1 000GW
中等规模城市	1GW
小城镇	1MW
美国普通住宅	1KW

当然，无论是以天还是以年为时间单位，这些类别当中都会存在相当大的差别。有的家庭的用电就是比其他家庭多。在有的季节，美国纽约市的用电超过12吉瓦。人口超过纽约市的日本东京平均季度用电为23吉瓦，在夏季用电高峰时段甚至超过50吉瓦。

假设你想给一个需要1吉瓦的中等规模城市供电，就建设1吉瓦的发电站，你能保证这个城市的电力供应正常吗？不一定。这个问题的答案取决于你用的电源是什么，因为有的电源的波动性大于其他电源。核电厂可以连续24小时运营，只有在维修保养和换料时才会关闭。风并不是什么时候都在吹，阳光也不是什么时候都有，所以风电厂和太阳能发电厂的有效容量可能只有30%，甚或更低。平均而言，它们会生产你所需的30%的电力。这意味着你还需要利用其他电源才能将这1吉瓦的可靠电力的缺口补齐。

> **小贴士**：当你听到"千瓦"的时候，想一想"住宅"；听到"吉瓦"的时候，想一想中等规模城市。听到"100 吉瓦"或"超过 100 吉瓦"的时候，想一想"富裕大国"。

4. 你需要多大的空间？

有些电源比其他电源更占空间，所以考虑这个问题很重要，原因也很明显：全球土地和水资源有限。当然，空间远不是唯一的考虑因素，但不管怎么说，这都是一个我们应该经常谈论的重要问题。

在这里，功率密度是一个相关数，是指在给定数量的土地（或水域，如果你在海上装有风力涡轮机的话）上不同电源可产生的功率（见表 3-3）。

表 3-3 每平方米土地（或水域）所能产生的功率

能源	瓦特 / 平方米
化石燃料	500~10 000
核能	500~1 000
太阳能 *	5~20
水能（大坝）	5~50
风能	1~2
木材和其他生物质能	低于 1

* 理论上讲，太阳能的功率密度可达到 100 瓦特 / 平方米，不过至今还没有实现这一点。

需要注意的是，太阳能的功率密度远高于风能。如果想使用风能而不是太阳能，那么同等条件下需要更多的土地。这并不是说孰优孰劣，而是说使用它们有不同的条件，这些条件应该成为对话的一部分。

小贴士：如果有人告诉你某种电源（风电、太阳能电力、核电等）可以供应全世界所需的能源，那么你要计算一下，生产这么多能源需要多大空间。

5. 这需要投入多大成本？

全球之所以会排放如此多的温室气体，原因就在于现有的能源技术基本上是最便宜的，当然前提是忽略了它们造成的长期损害。所以，要将庞大的能源经济从造成污染的、产生碳排放的技术转向零排放技术必然要投入一些成本。

成本有多大？在某些情况下，我们可以直接给出差价。如果分别有一个造成污染的能源技术和一个清洁的能源技术，两者本质上又是一样的，那么我们就可以比较它们的价格。

相比于化石燃料解决方案，大多数"零碳"解决方案成本投入更大。这在某种程度上是因为化石燃料的价格并没有反映出其所造成的环境损害，使它们看起来比"零碳"解决方案更经济。

（我会在第十章中进一步探讨碳定价及其挑战问题。）这些额外的成本，即我所称的"绿色溢价"（Green Premiums）。①

在每次有关气候变化的对话中，绿色溢价都会萦绕在我的脑海中。在接下来的几章里，我会时常提到这个概念，所以我想先在这里解释一下它的含义。

绿色溢价不止一种，它包括很多种：针对电力的溢价，针对各种燃料的溢价，针对水泥的溢价，等等。绿色溢价的规模取决于你要替代的是什么，以及你用什么来替代它。比如，"零碳"航空燃油的成本同太阳能电力的成本并不是一样的。我举个例子来说明绿色溢价是如何在实践中运转的。

在过去的几年里，美国国内航空燃油的平均售价为每加仑2.22 美元，在可获得的情况下用于飞机的先进生物燃料的平均售价为每加仑 5.35 美元，那么"零碳"燃料的绿色溢价就是这两个价格之间的差额，即每加仑 3.13 美元，溢价幅度超过 140%。（我将在第七章中详细解释。）

也有一些比较罕见的情况，绿色溢价为负值，也就是说，转向绿色能源可能比坚持使用化石燃料成本更低。比如，依据居住地的不同，用电热泵系统取代天然气炉和空调系统可能会让你省

---

① 我同很多人探讨过绿色溢价问题，包括荣鼎咨询和进化能源研究公司的专家，以及气候科学家肯·卡尔代拉（Ken Caldeira）博士等人。关于本书中绿色溢价的计算，如果你想了解更多信息，请访问 breakthroughenergy.org。

钱。在奥克兰，采用电热泵系统可帮你节省14%的开支，而在休斯敦，这个数字是17%。

你可能会想，绿色溢价为负值的技术肯定早已经被世界各地采用。整体上来说是这样的，但在新技术的引入和新技术的部署之间通常存在滞后性，尤其是像家用炉一类的设备，居民更换频率并不是很高。

在计算出所有重大的"零碳"选项的绿色溢价后，就可以在各类物品的权衡取舍方面展开严肃的对话了。我们愿意为绿色环保投入多大成本？我们会购买价格是航空燃油的两倍的先进生物燃料吗？我们会购买价格是传统水泥的两倍的绿色水泥吗？

顺便说一句，当我问"我们愿意投入多大成本"时，这里的"我们"是指全球意义上的我们，并不仅仅提问美国人和欧洲人能够承担什么。你可以设想一下，对于一种绿色溢价极高的能源，美国可能愿意也有能力支付，但发展中国家呢？未必有支付能力。我们需要的是非常低的溢价，低到每个人都可以在"脱碳"领域贡献自己的力量。

不可否认，绿色溢价是一个不断变动的指标，对它们的估算涉及很多假设。比如在本书中，我就给出了一些在我看来合情合理的假设，但不同专业背景的人士会给出不同的假设，进而得出不同的数值。比具体价格更重要的是，我们要知道一种特定的绿色技术的成本是否与其基于化石燃料的同等技术的成本相近，而对于那些成本相差太大的技术，要想一想怎样才能通过创新的方式压低它们的价格。

我希望本书中的绿色溢价能为一场关于"零碳"能源成本的长篇对话拉开序幕，希望大家各自计算一下绿色溢价。如果结论是某些绿色溢价并没有我计算得出的那么高，我会特别高兴。我在本书中计算的绿色溢价是一个用于成本比较的非完美工具，但即便它不完美，也总比没有工具强。

就像一个神奇的透镜，绿色溢价在决策领域发挥着特别重要的作用。在它们的帮助下，我们的时间、精力和金钱都会得到充分的利用。通过了解各种不同的绿色溢价，我们可以决定现在应该部署哪些"零碳"解决方案，以及我们应该在哪些领域追求突破，因为清洁能源替代方案的成本在这些领域内还不够低廉。绿色溢价可以帮助我们回答如下问题。

哪些"零碳"解决方案是我们现在应该部署的？

绿色溢价低的或根本就没有绿色溢价的"零碳"解决方案。如果我们还没有部署这类解决方案，就说明成本并不是推广壁垒，阻碍我们做出大规模部署的障碍在其他方面，比如过时的公共政策或缺乏应有的意识。

我们的研发投资、我们的早期投资者、我们这个时代最好的

第三章 气候对话中的五个关键问题

发明家应该专注于哪些领域？

绿色溢价过高的领域。这些领域存在的额外绿色成本会阻碍我们的"脱碳"行动，因而需要新的技术、新的公司和新的产品来降低绿色溢价。擅长研发的国家可以创造新产品——可负担的新产品，然后把它们出口到无力支付当前溢价的国家和地区。这样一来，在避免气候灾难问题上就不会有人争论是否每个国家都在尽自己的责任。相反，各个国家和企业都将加大竞争，着力创造和推广可负担的创新产品，进而推动零排放目标的实现。

关于绿色溢价理念，我再讲最后一个好处：它可以作为一个测量体系，展示人类在阻止气候变化领域取得的进展。

同时，绿色溢价让我想起了梅琳达和我刚开展全球健康工作时遇到的一个问题。专家告诉我们全世界每年有多少儿童死亡，但并没有说是什么原因导致的。我们知道一定数量的儿童死于痢疾，但一开始我们并不知道是什么导致他们患上痢疾。如果我们不知道儿童的死亡原因，那么我们又怎么能知道哪些创新可以拯救他们的生命呢？

为此，我们与世界各地的合作伙伴一道资助各种研究，力求找出导致儿童死亡的原因。最终，我们追查到了与儿童死亡相关的更多信息，而这些信息为我们实现重大突破指明了道路。比如，我们发现肺炎是造成每年大量儿童死亡的原因之一。虽然市面上已经有肺炎疫苗，但由于它的价格过高，贫穷国家不会采购它。（他们几无采购动机，因为他们根本不知道有多少儿童死于这种疾病。）不过，在看到相关数据及捐助者同意支付大部分费用后，这些国家马上将该疫苗列入其卫生计划。之后，我们又资助研发了一种更便宜的疫苗，现已被世界各国采用。

在温室气体排放方面，绿色溢价也可以发挥类似的作用。计算得出各种能源的绿色溢价后，我们可以从排放量的原始数据中得出不同的洞见。如果单看这些数据，那么我们只知道人类距离零排放的目标还有多远，而无从得知实现这个目标有多么艰难。使用现有的"零碳"工具要负担多大的成本？哪些创新对排放量的影响最大？针对这些问题，绿色溢价给出了答案，并对各部门实现零排放的成本进行测算，着重指出了我们需要开展创新的领域——就像相关数据显示我们需要大力推广肺炎疫苗一样。

在某些情况下，比如我前文中提到的航空燃油的例子，估算绿色溢价的直接方法其实很简单。但如果将这种方法应用于更广泛的领域，我们会遇到一个问题：并非在所有情况下，我们都有直接绿色当量，比如"零碳"水泥（至少现在还没有）。如果缺乏直接绿色当量，我们该如何弄清"零碳"解决方案的成本呢？

我们可以借助一个思想实验："直接从大气中把碳吸走，需要付出多少成本？"这个想法其实有一个名字，前文也提到过，即

"直接空气捕获"。(简而言之,直接空气捕获就是让空气吹过一个可以吸收二氧化碳的设备,然后再把二氧化碳作为浓缩气体收集起来。)直接空气捕获技术是一项昂贵的技术,而且在很大程度上是一项尚未得到验证的技术,但如果它能被大规模应用,那么无论二氧化碳在何时何地产生,我们都可以捕获它。目前,在瑞士投入运行的一座直接空气捕获设施,可能正在吸收10年前美国得克萨斯州一座燃煤电厂排放的二氧化碳。

要计算这项技术的成本,我们只需要两个数据点:一是全球温室气体排放量,二是利用直接空气捕获技术吸收温室气体的成本。

我们已经知道全球温室气体排放量——每年510亿吨,至于从空气中消除1吨碳的成本,还无法完全确定下来,但清除每吨碳至少要花费200美元。通过某种创新,我想我们可以把这个数字降到100美元,这是切实可行的。所以,我在这里使用每吨100美元这个数字。

如此一来,我们就得到下面这个等式:

$$510 \text{亿吨/年} \times 100 \text{美元/吨} = 5.1 \text{万亿美元/年}$$

换句话说,只要我们还在排放温室气体,那么如果要利用直接空气捕获技术解决气候问题,每年至少需要投入5.1万亿美元,约占世界经济总量的 6%。[这是一个庞大的数字，但与关闭各经济部门来减少温室气体排放的做法相比（就如我们在新冠肺炎疫情期间所做的那样），采用这一理论上的技术，我们付出的成本其实低得多。荣鼎咨询的数据显示，美国经济所承担的消除每吨碳的成本为 2 600~3 300 美元；在欧盟，该成本超过 4 000 美元。也就是说，它的成本是我们期望达到的每吨 100 美元的 25~40 倍。[2]]

正如前文提到的，基于直接空气捕获的"脱碳"技术其实只是一个思想实验。在现实中，直接空气捕获技术尚未做好在全球部署的准备，即便做好了这种准备，在解决全球碳问题方面，它也是一种极为低效的方法。我们能否安全地存储数千亿吨碳，不得而知。另外，我们也没有切实可行的方法筹集每年高达 5.1 万亿美元的资金，或确保每个人都贡献自己的力量（即便是在责任分担问题上，也会引发严重的政治斗争）。仅是为应对当前的温室气体排放量，我们就需要在全球范围内建设超过 5 万座直接空气捕获工厂。再有就是，直接空气捕获技术并不适用于甲烷或其他温室气体，它只能用于处理二氧化碳。这很可能是最昂贵的解决方案。在很多情况下，在源头就解决温室气体排放问题，成本会低得多。

即便直接空气捕获技术最终能在全球范围内发挥作用（要知道，在技术问题上，我是一个乐观主义者），有一点也几乎是肯定的，其开发和部署速度并不足以阻止碳排放对环境造成的可怕损害。一个不幸的消息是：我们不能仅仅坐等某种未来技术来拯救我们，就比如直接空气捕获技术。我们现在就要为拯救自己行动起来。

小贴士：牢记绿色溢价，同时要问它们是否已经低到让中等收入国家愿意支付的水平。

以下是上述全部 5 个小贴士的总结：

1. 将温室气体排放量吨数转换为占总排放量 510 亿吨的百分比。
2. 记住，我们需要为 5 种产生温室气体的活动寻找解决方案：电力生产与存储、生产和制造、种植和养殖、交通运输、取暖和制冷。
3. 千瓦 = 住宅，吉瓦 = 中等规模城市，数百吉瓦 = 富裕大国。
4. 考虑一下你需要多大的空间。
5. 牢记绿色溢价，同时要问它们是否已经低到让中等收入国家愿意支付的水平。

第四章

电力生产与存储

总排放量 27%

"零碳"电力的十大创新举措。

我们热爱电力，但我们大多数人并不了解电力。它一直都在我们身边，确保路灯、空调、电脑和电视时刻都能工作；它为各种工业工艺提供动力，而对于这些工艺，我们大多数人平时并不在意。然而，就像生活中有时发生的那样，只有在失去的时候，我们才会意识到它是多么重要。在美国，断电非常罕见，以至于人们都还记得自己10年前因停电而被困电梯里的场景。

我以前并没有意识到我们多么依赖电力，这些年来，我逐渐认识到它是多么重要。我真的很感激人们为实现这一奇迹付出的一切。其实，平心而论，我对所有的物质基础设施都感到敬畏，因为正是它们的存在，才使得电力价格如此低廉、如此普遍地存在又如此可靠。在富裕国家的几乎任何一个地方，只要你打开开关,灯就会亮起来,而这只需要支付极少的费用。说它神奇,一点儿也不为过。毫不夸张地讲,在美国,一个 40 瓦的灯泡持续亮一个小时,只需要支付 0.5 美分。

在我们家中,我并不是唯一对电力有此感触的人:我和儿子罗里经常参观发电厂(见图 4–1[1]),这纯粹出于兴趣,我们就是想知道它们是如何运转的。

图 4-1　2015 年,我和家人前往冰岛的瑟利赫努卡吉格尔火山观光。随后,我陪罗里参观了附近的一座地热发电厂

我很高兴自己投入那么多时间来学习电力知识。首要的一点是,这是一项很棒的亲子活动。(我是认真的。)另外,要想避免

气候灾难,弄清楚如何在不释放温室气体的情况下获得廉价而可靠的电力是最重要的事情。这是因为,一方面,电力生产是气候变化的主要驱动因素;另一方面,如果我们获得了"零碳"电力,我们就可以用它来帮助处理其他很多活动的碳排放,比如交通运输和生产制造。我们如果不使用煤、天然气和石油,那么势必会失去一部分能源,而要想把它们补回来,清洁电力将是主要来源。这就是我首先论述电力的原因,尽管制造业部门产生的排放量超过了电力部门。

此外,应该有更多的人获得和使用电力。在撒哈拉以南非洲地区,家中用上可靠电力的人口尚不足总人口的一半(见图4-2[2])。如果你根本就没有电可用,那么即便是给手机充电这种看似简单的任务也很难达成,而且花费高昂。你必须去外面的商店,支付25美分乃至更多,才可以给手机充电,而这个价格是发达国家的居民为手机充电所支付的金额的数百倍。

撒哈拉以南非洲地区	印度	世界其他地区
6亿人	7 400万人	1.86亿人

图4-2　全球有8.6亿人没有用上可靠的电力

资料来源:IEA

我并不期望大多数人都跟我一样对电网和变压器感兴趣。（我想，如果你写出了"我对物质基础设施感到敬畏"这样的句子，那你一定是个相当了不起的书呆子。）但我认为，如果人们都停下来想一想，现在这些被认为理所当然的服务是如何获得的，那么自然会更珍视这些服务，而且也会意识到我们每个人都不想放弃这些服务。未来，无论我们采用什么方法实现"零碳"电力，它们都必须跟当前我们所用的方法一样——既可靠又让我们负担得起。

在本章中，我想要解释的是，在不产生碳排放的情况下，我们怎样才能继续从电力这种廉价且随时可用的能源中获取我们想要的所有服务，并让更多的人享有这些服务。关于这一点，我们要从实现目标的路径和未来的发展之路讲起。

时至今日，电力已是无处不在，以至于我们很容易忽略，在进入20世纪几十年之后，它才成为大多数美国人生活中的一个要素。早期电力的主要来源之一并不是我们现在常用的煤、石油或天然气，而是水——以水力发电的形式获得。

水力发电有很多优势，比如价格相对便宜，但也存在一些重大弊端，比如修建水库涉及当地社区的搬迁和野生动植物的保护，而且在修建水库的过程中，如果土壤里存有大量的碳，那么它会转化成甲烷，最终逃逸到大气中。[3]有研究表明，一座大坝在修建之初的50~100年可能是一个比燃煤更糟糕的温室气体排放

第四章 电力生产与存储

源——当然这还取决于修建大坝的地点。因此我们需要考虑,大坝需要运行多长时间才能抵消修建过程中排放的所有甲烷。① 另外,大坝的发电量受季节影响,因为雨季和旱季的河流水流量大小不同。当然,水力发电站的选址也有一定的局限性,必须在有河流的地方建大坝。

化石燃料则不会受到这样的限制,从地下开采出煤、石油或天然气后,运送到发电厂作为烧水的燃料,然后利用沸水的水蒸气驱动涡轮机发电。

基于化石燃料发电的优势,在美国,当电力需求在"二战"后爆发式增长时,人们毫不犹豫地选择了化石燃料的发展路径。在 20 世纪下半叶,美国新建的发电厂装机容量中,化石燃料占了大头——总计约 700 吉瓦,是"二战"前发电厂装机容量的近 60 倍(见图 4–3[4])。

随着时间的推移,电价越来越低。一项研究发现,1900 年的电价至少是 2000 年的 200 倍。今天,美国电力部门的开支仅占美国 GDP 的 2%。想一想我们对电力的依赖程度,相比之下这是一个非常低的数字。[5]

---

① 该计算涉及对大坝生命周期的评估。生命周期评估是一个很有趣的领域,记录某一特定产品自生产时起至生命结束时所产生的所有温室气体。作为一个有效的工具,生命周期评估可用于分析不同技术的气候影响,但其过程颇为复杂,所以在本书中,我将把重点放到直接排放上,因为这更易解释,而且通常也会得出相同的结论。

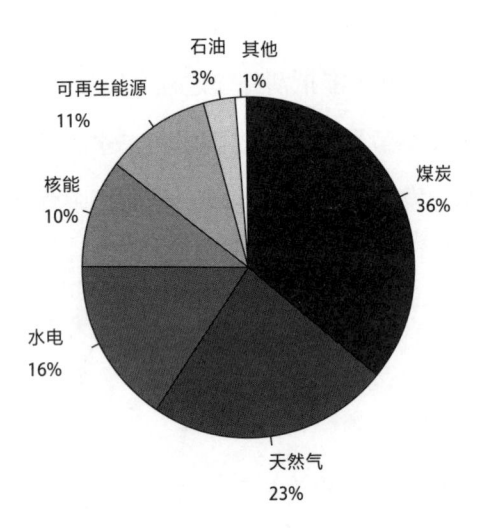

图 4-3 化石燃料发电占全球发电量的三分之二，实现清洁电力并非易事

资料来源：bp Statistical Review of World Energy 2020

电价之所以如此低廉，主要是因为化石燃料便宜。它们是广泛可用的资源，而且人类已经具备更好、更高效的开采和发电技术。另外，政府也付出了相当大的努力，以维持化石燃料的低价格，并鼓励加大生产。

美国自建国之初就一直采取这种做法：国会于 1789 年率先推出了有关煤炭进口的保护性关税政策。19 世纪初，在意识到煤炭对铁路行业的重要性之后，美国开始免除部分税收，并采取措施激励煤炭生产（见图 4-4[6]）。在 1913 年确立征收公司所得税后，美国允许石油和天然气生产企业在收入所得中扣除特定费用，而这其中就包括钻探成本。1950—1978 年，美国用于支持煤炭和天

图 4-4 宣传页上的煤炭设施

注：地点位于美国宾夕法尼亚州的康奈尔斯维尔，时间可追溯到 1900 年左右。

然气生产企业的各项税式支出总计约 420 亿美元（以今天的美元计），而且这些税收优惠措施至今仍在施行。[7] 另外，在租赁联邦土地方面，煤炭和天然气生产企业也享有政策优惠。

美国并非特例，大多数国家都采取了相应措施，以维持化石燃料的低价格。据国际能源署估算，2018 年全球政府在化石燃料消费领域的补贴总计多达 4 000 亿美元，这也进一步解释了为什么化石燃料在电力供应中一直占有稳定的比例。[8] 燃煤发电量在全球电力供应中所占份额（约 40%）已经 30 年没有发生变化，石油和天然气发电量占比约 26%，同样是 30 年没有发生变化。总之，化石燃料提供了世界上三分之二的电力。与此同时，太阳能和风能发电量占比约 7%。

截至 2019 年年中，全球在建燃煤电厂总装机容量约 236 吉瓦。煤和天然气现在是发展中国家的首选燃料，其需求在过去几十年里呈急剧上升趋势。2000—2008 年，中国的煤电装机容量增加了两倍，总装机容量超过美国、墨西哥和加拿大三国总和。

我们能否扭转这一局面，在不产生任何温室气体排放的情况下获得所需的所有电力？

这取决于你说的"我们"指谁。如果采取合适的政策扩大风能和太阳能的发电量，并大力推动相关领域的创新，那么美国可以很快接近这一目标，但全世界都能得到"零碳"电力吗？这就难得多了。

让我们从美国电力部门的绿色溢价说起。这实际上是个好消息：只需要一个适度的绿色溢价，我们就可以消除温室气体排放。

就电力而言，绿色溢价是指从非排放源中获得所有电力的额外成本，这里的非排放源包括风能、太阳能、核能，装备有碳捕获设施的燃煤电厂和燃气电厂，等等。（记住，我们的目标并不是只使用可再生能源，如风能和太阳能，而是实现零排放。这也是我把其他一些"零碳"选项包括在内的原因。）

绿色溢价是多少？若把美国的整个电力系统转变为"零碳"

第四章 电力生产与存储

来源,每千瓦时的平均零售价将增加 1.3~1.7 美分,与当前大多数人所付的电价相比,上涨幅度约 15%。对普通家庭来说,每月的绿色溢价总计 18 美元——这是大多数人负担得起的金额。当然,对低收入的美国人来说,这可能是一个负担,因为他们已经把十分之一的收入花在能源上面了。

(如果你付公用事业费账单的话,你对千瓦时可能比较熟悉,因为这是家庭用电的计费单位。但如果你感到疑惑,我在这里解释一下:千瓦时是一个能量单位,用以衡量你在一定时间段内所用的电量。如果 1 千瓦用 1 个小时,那就是你用了 1 千瓦时。典型的美国家庭,每天用电为 29 千瓦时。平均而言,包括美国所有类型的客户和各州在内,每千瓦时的费用约 10 美分。不过,在有些地方,电费可能是这个数字的 3 倍。)

美国的绿色溢价这么低,自然是好事。欧洲也处于类似的有利位置。欧洲一家行业协会的一项研究表明,就电网而言,"脱碳"90%~95% 会导致电费平均上涨约 20%。[9](该项研究使用的计算方法与我计算美国绿色溢价的方法不同。)

令人遗憾的是,其他国家很少有这么幸运。美国有庞大的可再生能源,包括太平洋西北地区的水、中西部地区的强风、西南地区和加利福尼亚州长年不断的太阳能,等等。有些国家可能有一些太阳能而没有风能,也可能有一些风能而常年缺乏太阳能,或者两者皆缺。另外,有些国家的信用评分可能比较低,难以获得融资，因而缺乏建立新电厂所需的数额庞大的资金。

非洲和亚洲的处境最为艰难。在过去几十年里，中国完成了历史上伟大的壮举之一——让数亿人摆脱了贫困，而这一成就部分得益于廉价建造的燃煤电厂。中国企业大幅降低了燃煤电厂的建设成本，降幅达到惊人的75%。现在，它们想要更多的客户（这是可以理解的），而且也在不遗余力地吸引下一波发展中国家：印度、印度尼西亚、越南、巴基斯坦，以及整个非洲地区的国家。

那些潜在的新客户会怎么做呢？是建造燃煤电厂，还是转向清洁电力？我们来看一下它们的目标和选项。对贫困农村地区的人口来说，小型太阳能项目是一个可选项，因为他们需要给手机充电，也需要夜间照明。但对那些发展中国家来说，这种解决方案永远无法为其提供启动经济所需的规模庞大、廉价且随时可用的电力。它们希望效仿中国的做法——通过吸引制造业、通信服务业等产业助推经济发展，但问题是这类业务所需的电力规模及可靠性是时下小型可再生能源电力项目无法提供和保证的。

如果这些国家选择建造燃煤电厂——就像中国及世界上每个富裕国家所做的那样，那么必将迎来一场气候灾难。但就目前来看，这的确是对它们来说最经济的选项。

为什么一开始就要出台绿色溢价之类的政策？其中的原因并不是那么显而易见。燃气电厂只要运转就必须不断购买燃料，而

第四章 电力生产与存储

太阳能发电厂、风电厂和水力发电站的燃料是免费的。再者,一个老生常谈的道理:一项技术应用越广泛,它的成本越低廉。那么,为什么发展绿色电力要付出额外的成本呢?

原因之一是化石燃料太便宜了,它们的价格中并没有计入气候变化的真实成本(因导致全球气候变暖而造成的经济损失),使得清洁能源难以与之竞争。而且,我们已经花了几十年的时间,打造了一个涵盖从地下开采化石燃料并利用化石燃料生产和输配能源的系统,在这个系统中,一切成本都很低。

还有一个原因是前文提到过的:世界上有些地区根本没有合宜的可再生资源。使用可再生资源的比例要实现近100%,需要把大量清洁能源从其生产地(阳光充足的地区,最好是赤道一带,以及多风的地区)输送到需求地(多云、无风的地区)。这需要架设新的输电线路——一项成本高昂且极耗时间的工作,特别是当它涉及跨越国界的时候。而且,我们架设的输电线路越多,电力的价格就越高。事实上,在电力的最终成本中,输配电成本占比超过三分之一。[①] 另外,在电力供应方面,很多国家也不想依赖其他国家。

但廉价的石油和昂贵的输电线路并不是电力部门推高绿色溢

---

① 可以把输电线路和配电线路分别想象成高速公路和地方道路。我们使用高压输电线路把电力从电厂输送到城市,所输送的电力会进入当地的低压配电系统,也就是街区中随处可见的电线。

价的最大因素。究其原因，主要出在我们对电力的可靠性要求及可再生资源的间歇性问题上。

阳光和风都属间歇性资源，也就是说，它们很难一年365天、一天24小时连续发电。我们对电力的需求却是非间歇性的，希望时时刻刻都有电可用。所以，如果太阳能和风能在电力结构中占据重要比例，为避免发生重大断电事故，在没有阳光、没有风的时候就需要其他选项。我们要么把过剩的电力存储在电池中（关于这一点，我稍后会讲到，但其成本极其高昂），要么增加其他依赖化石燃料的能源供应，比如建造以备不时之需的燃气电厂。无论哪种方式，从经济学的角度看，都不站在清洁电力这一边。在我们接近100%地使用清洁电力时，间歇性会转变成一个更麻烦、更昂贵的问题。

在间歇性方面，最明显的例子就是太阳落山之后，太阳能电力供应会中断。对于这个问题，假设解决方案是将白天生产的多余的一千瓦时电力存储起来，留待晚上使用（你需要的远不止这点儿，我在这里使用一千瓦时是为了计算方便），那么我们的电费会因此增加多少呢？

这取决于两个因素：一是电池的成本，二是电池的使用寿命。就成本而言，假设使用一千瓦时的电池要花费100美元（这是一个保守估计，我暂时先不考虑其他情形，比如为购买该电池而不得不贷款）。至于电池的使用寿命，我们假设充放电循环为

1 000 次。

所以，这个一千瓦时的电池的资本成本是 100 美元除以 1 000 次充放电循环，即每千瓦时为 10 美分。这是发电成本之外的费用，利用太阳能发电，每千瓦时成本约 5 美分。换句话说，与日间用电成本相比，购买存储起来供夜间使用的电力需多付两倍的价钱——5 美分的电力生产成本和 10 美分的电力存储成本，总计 15 美分。

我认识一些研究人员，他们表示可以制造出 5 倍于上述使用寿命的电池。虽然现在他们还没有成功，但如果他们做到了，那么原本 10 美分的额外费用将降到 2 美分，这可以说是一个相当大的降幅。总之，只要你愿意支付一笔高额费用，那么太阳能电力供应的夜间用电问题在今天是可以解决的。而且，通过创新研发活动，我相信我们可以降低这一额外费用。

令人遗憾的是，夜间间歇性并不是我们所要应对的最大难题，夏冬之间的季节变化是更严重的障碍。当然，这个问题也有诸多解决方案，比如通过核电厂或装备有碳捕获设施的燃煤电厂来增加电力供应。任何现实场景都将包含这些选项。关于这方面的内容，我会在本章后面谈到，在此为简便起见，我仅使用电池来说明季节变化的问题。

假设我们想存储一千瓦时电力，但不是为了供一天使用，而是为了供一个季度使用。我们在夏季存储电力，然后在冬季用来驱动一个空间加热器。这次，电池的生命周期不再是问题，因为每年只需要给它充一次电。

但假设我们需要通过融资来购买电池。现在，我们已经占用了 100 美元的资本。（显然，你不会为 100 美元的电池融资，但如果你想购买足可存储数吉瓦电力的电池，那么你可能就需要融资了。）如果我们需要为资本支付 5% 的利率，那么在电池成本为 100 美元的情况下，存储一千瓦时则需要额外付 5 美元。这里还要记住，我们为日间太阳能电力所支付的成本仅 5 美分。谁会花 5 美元存储价值 5 美分的电力呢？

季节间歇性和高昂的电力存储成本还会导致另外一个问题，而这个问题对太阳能的大用户来说尤为明显：夏季产能过剩，冬季产能不足。

由于地球的自转轴是倾斜的，所以任何一个地点的日光量都会因四季的变化而不同。日光强度也是同样的道理。这个变化的幅度有多大，取决于该地离赤道有多远。在厄瓜多尔，日光的变化幅度几乎可以忽略；在我居住的西雅图地区，一年中日照最长的一天的日光量是一年中日照最短的一天的两倍；在加拿大和俄罗斯的一些地区，该差值会达到 12 倍之多。①

---

① 风也存在季节性变化的问题。在美国，风能通常在春天达到顶峰，而在仲夏至夏末跌至低谷（加利福尼亚州是个例外，情况刚好相反），这之间的差别可能会达到 2~4 倍。

第四章 电力生产与存储

为什么这种变化很重要？我们来看另外一个思想实验。假设在西雅图附近有一个城镇想发展太阳能，希望每年生产一吉瓦电力。我们姑且称它为"日光城"。那么，日光城的太阳能阵列要有多大呢？

选项之一是安装足够多的太阳能电池板，在阳光充裕的夏季生产一吉瓦电力。但到了冬天，日光城就不那么走运了，因为这个季节的日光量只有夏季的一半。如此一来，也就出现了产能不足的情况。（对于电力存储的高昂成本，当地议会非常清楚，所以排除了电池选项。）另外，在日短夜长的冬季，日光城需要安装更多的太阳能电池板，以生产足可满足冬日需求的电力。显然问题是，随着夏季的到来，这些太阳能电池板的产能又会过剩。由于电价非常便宜，所以对日光城来说，要收回安装这些太阳能电池板的成本，压力很大。

在电力产能过剩问题上，日光城可以选择在夏季时关闭部分太阳能电池板，但这样做意味着资金投到了一年只使用一半时间的设备上，这会进一步推高该地居民和企业的用电成本。换句话说，这将提升日光城的绿色溢价。

日光城的处境并不仅仅是一个假设命题，类似的情况已经在德国出现。通过雄心勃勃的"能源转型"项目，德国计划到2050年将使用可再生能源比重提升到60%。在过去10年里，德国投入数十亿美元，大力推广利用可再生能源——太阳能装机容量在

2008—2010年增加了650%。但是，德国在2018年6月生产的太阳能电力是2018年12月的10倍左右。[10] 事实上，在夏季，德国太阳能发电厂和风电厂生产的电力实在太多，以至于整个国家都用不完。出现这种情况时，德国会把一部分过剩的电力输送给邻国波兰和捷克，而两国领导人抱怨说这给他们本国的电网造成了极大的压力，同时造成了不可预测的电力成本波动。[11]

间歇性还会引发另外一个问题，而这个问题甚至比日常或季节性变化问题更难解决。如果发生极端事件，一座城市在接下来的几天里无任何可再生能源可用，那么它靠什么坚持下去？

假设将来东京的电力生产完全依赖风能。（日本确实有相当丰富的陆上和海上风力资源。）假设在8月的气旋高峰期，一场巨大的风暴袭击了东京，由于风力强劲，若不关停风力涡轮机，它们则会悉数被毁。该市领导人决定关掉风力涡轮机，同时寻找性能最好的大容量电池存储电力，希望以此应对这场风暴。

问题在于他们需要多少电池才能满足东京整座城市3天的电力需求？因为风暴要持续3天，也就是3天后他们才能重启风力涡轮机。

答案是至少1 400万块电池，其存储容量超过全世界10年的产能，购买价为4 000亿美元。考虑到电池的生命周期，这些电

第四章 电力生产与存储

池平均每年的成本超过 270 亿美元。[①] 而这还仅仅是电池的资本成本，不包括电池的安装和维护费用。

这个例子完全是假设的，没有谁会真认为东京应该百分之百依赖风电或将所有电力存储在时下的电池中。我举这个例子是为说明至关重要的一点：大规模存储电力极其困难，而且成本高昂，但在未来几年，如果我们依赖间歇性资源提供相当比例的清洁电力，那么这将是必须面对的问题。

而且，在未来几年，我们将需要更多的清洁电力。大多数专家认为，随着我们对其他碳密集型流程进行电气化改造，比如钢铁制造电气化和汽车动力电气化，到 2050 年，世界电力供应需要增加一倍乃至两倍。而这甚至还没有把人口增长因素考虑在内，也没有考虑人们会逐步走上富裕道路并会使用更多电力的情况。所以，这个世界需要的电力将是我们现在所生产电力规模的 3 倍以上。

由于太阳能和风能是间歇性资源，所以电力生产能力需要进一步扩大。（装机容量是指在太阳照射最强或风力最大时能生产的电力。这是一个理论上的数值。发电量是实际生产的电力，这当

[①] 这些数字的计算方法：2019 年 8 月 6—8 日，东京用电量为 3 122 吉瓦时。对于基载电力，我假设有 540 万块铁液流电池，系统寿命为 20 年，单位成本为 3.6 万美元。对于峰值需求，我假设有 910 万块锂离子电池，系统寿命为 10 年，单位成本为 2.33 万美元。

中计入了资源的间歇性、电厂因维修和保养而暂时关闭的情况,以及其他影响因素。发电量通常小于装机容量,而在资源不稳定的情况下,比如依靠太阳能和风能发电,两者之间的差距可能更大。)

算上我们将使用的额外电力,并假定风能和太阳能将发挥重要作用,那么要想在2050年以前实现美国电网完全"脱碳",需要在接下来的30年里每年增加约75吉瓦的装机容量。

这个数字大吗?在过去10年里,每年平均增加了22吉瓦。现在我们需要在此基础上再增加两倍以上的装机容量,并在接下来的30年里一直保持这一步伐。

这项任务并不难完成,因为太阳能电池板和风力涡轮机的制造成本越来越低,而且效率越来越高。换言之,我们发明了新的方法,可以从给定数量的太阳能或风能中获得更多电力。(时下最好的太阳能电池板只能将不到四分之一的照射阳光转化为电力,而市面上常见的太阳能电池板的理论上限为33%左右。)随着转化率的不断提高,在同等面积的土地上获得的电力更多,这将有助于我们更广泛地应用这些技术。

但仅有更高效率的太阳能电池板和风力涡轮机还不够,因为美国在20世纪所建造的设施与21世纪的需求不匹配。地理位置将比以往任何时候都更重要。

电网运营伊始,公用事业公司就将大多数发电厂建在了美国

第四章 电力生产与存储

高速增长的城市周边,因为这可以相对容易地利用铁路和管道将化石燃料从开采地运送到发电厂。结果就是,美国电网依赖铁路和管道进行长距离的燃料输送(将燃料运至发电厂),然后再依赖输电线路进行短距离的电力输送(将电力输送到各个用电城市)。

这个模式并不适用于太阳能和风能,我们不可能用轨道车把阳光运送到某个发电厂,阳光必须在现场被转化为电力。但美国的大部分太阳能都在西南地区,大多数风能集中在北美大平原地区,远离多个大都市圈。

简而言之,在我们越来越接近"零碳"电力的道路上,间歇性是推高成本的主要力量。这就是为什么那些试图走绿色环保路线的城市仍在用其他电力生产方式补充太阳能电力和风电,比如可按需生产电力的燃气电厂。而这些所谓的"尖峰负载发电厂"无论如何都不可能是"零碳"的。

事先澄清一点:太阳能和风能这类间歇性能源在实现零排放方面可以发挥重要作用,而我们也的确需要它们来发挥作用。我们应该在任何经济上合算的地方快速部署可再生能源。在过去10年里,太阳能和风能的发电成本降幅令人惊讶。比如,2010—2020年,太阳能电池的价格已经降到接近先前的十分之一,而整套太阳能系统的价格仅在2019年就降了11%。之所以出现如此大的降幅,一个主要原因是"边学边做":道理很简单,就某种产品而言,我们生产的次数越多,生产它的熟练程度越高。

我们确实需要消除那些阻碍充分利用可再生资源的障碍。比如，人们通常认为美国的电网是单一连接网络，实际上并不是这样，美国的电网不止一个，而是有很多，它们极度分散，因而基本不可能将电力输送到生产地以外的地方。亚利桑那州可以把过剩的太阳能电力卖给临近的州，但对于输送到那些相距遥远的州就无能为力了。

这个问题是可以解决的：在全国范围交叉架设数千英里的特种长途输电线路，用以输送高压电。该技术早已存在，事实上，美国已经架设了一些这样的高压输电线路。（最长的输电线路从华盛顿州延伸至加利福尼亚州。）但要对电网进行大规模的升级改造，现在还面临相当大的政治障碍。

想想看，如果要架设输电线路，让美国新英格兰地区的客户用上西南地区的太阳能电力，那么需要把多少土地所有者、公用事业公司、地方政府和州政府召集到一起？仅仅是选择路线和确立道路通行权就是一项艰巨的任务。而如果你想架设穿越公园的大型输电线路，往往还会遭到当地居民的反对。

跨西部快速传输电力项目（TransWest Express）计划于2021年开工，该项目旨在将怀俄明州的风电输送到加利福尼亚州和西南地区各州，预计2024年开始运营——这与最初的规划时间相比延后了大概17年。

但如果能圆满完成这个项目，那么它所产生的影响将是革命性的。目前,我资助了一个项目,目标是建立一个覆盖全美电网的计算机模型。通过这个模型,专家研究了西部各州如何才能在2030年以前赶上加利福尼亚州、实现可再生能源占比60%的目标,以及东部各州如何在2030年以前赶上纽约州、实现清洁能源占比70%的目标。他们发现,除非强化电网建设,否则上述东西部各州根本不可能实现目标。该模型还显示,在电力输送方面,若采取统一的地区性和全国性策略,而不是让各州自行其是,那么在实现减排目标方面,每个州都可以节省多达30%的可再生能源。换句话说,在最佳地点建造可再生能源设施,建立统一的国家电网,并在全国范围内按需输送"零碳"电力,可以降低成本。①

在接下来的几年里,电力在整体能源消费结构中将占据更大的比重。对世界各地的电网来说,这样的模型是大有助益的,它可以帮助我们回答如下问题:在某一给定地区,哪种清洁能源组合最高效?应该在哪里架设输电线路?哪些规定会成为障碍?应该采取什么样的激励措施?总之,我希望看到更多类似的项目。

再看另外一个问题:随着时间的推移,美国家庭将更少地依赖化石燃料,转而依赖电力(比如电动车和冬季用电取暖)。届时,每个家庭都需要进行电气服务升级——成本较先前至少增加

---

① 该模型对公众开放,要了解更多信息,请访问 breakthroughenergy.org。

一个量级，而且在很多情况下可能远不止于此。很多街道会被挖开重新铺设线路，电线杆上会安装更粗的电线、更重的变压器及其他各种设备。因此，几乎每个社区都能切身感受到这种变化，而政治影响也将下沉到地方层面。

技术或许有助于克服一些与上述升级相关的政治障碍。比如，如果把输电线路铺设在地下就不会那么碍眼了。但就目前来看，把输电线路埋到地下，成本将增加5~10倍。（问题在于热量的散发：在电力输送过程中，输电线路在电流通过时会发热。如果输电线路架设在地上，这不成问题，因为热量会随之消散在空气中，但若在地下，热量则无处散发。如果温度过高，输电线路在地下就会熔化。）部分公司正在研发下一代输电技术，该技术将解决输电线路的发热问题，以大幅降低在地下铺设线路的成本。

部署现有的可再生能源设施并提升输电技术是当前要做的最重要的事情。如果我们不在整体上显著升级电网，而是让各州自己去做，那么绿色溢价可能就不是15%~30%了，它可能是100%甚至更高。除非我们大规模使用核能（我会在下一节谈这个问题），否则在美国，任何实现零排放的路径都需要我们不遗余力地发展风能和太阳能电力。在美国的电力结构中，最终会有多少来自可再生能源，现在还不好说，但有一点是我们知道的，那就是从现在到2050年，我们必须以比当前更快的速度（5~10倍的速度）开发可再生能源电力。

另外要记住，在利用太阳能和风能方面，大多数国家都没有美国幸运。事实上，我们希望我们的电力供应结构中有相当大一部分来自可再生能源，这只是一个特例，并不具有普遍性。虽然我们一直在不停地部署太阳能和风能发电及传输设备，但这个世界仍需要一些新的清洁电力发明，原因就在于此。

很多伟大的研究已经在开展。如果问我为什么喜欢自己的工作，我的回答是它让我有机会见到世界上顶级的科学家和企业家，并向他们学习。多年来，在投资突破能源联盟及其他项目的过程中，我见识了一些潜在的技术突破，而这些突破可能就是可在电力部门实现零排放的革命性技术。目前，它们处于不同的开发阶段，有些已经相对成熟且经过了多方面的测试，而其他一些，坦白地说，一文不值。但在一些"疯狂"的想法上，我们不能因为害怕而不敢下注。要知道，这是保证我们至少有一些突破的唯一方法。

生产"零碳"电力

核裂变。关于核能的一句话概括：它是唯一能够一年四季、不分昼夜地提供可靠电力的无碳能源，几乎可在地球任何地方建厂，并已被证实可大规模应用。

没有任何一种清洁能源的发电规模能够接近核能。（这里讲的核能是指核裂变——通过分裂原子获得能量的过程。在下一节中，我会讲解与之相对的核聚变。）美国有大约20%的电力是由核电厂提供的。在法国，核电占比高达70%，这个比例在世界各国中也是最高的。相比之下，太阳能和风能总共才为全球提供了7%左右的电力。

可以预见，如果未来不扩大核电规模，我们将很难以可负担的方式推进电网"脱碳"行动。2018年，麻省理工学院的研究人员分析了美国实现零排放的近1 000种场景。所有成本低廉的路径都涉及随时可用的清洁能源，比如核能。如果没有像核能这样的能源，实现"零碳"电力的成本将居高不下。

在有效使用材料方面，比如水泥、钢和玻璃，核电厂也是首屈一指的。图4-5显示了不同能源生产单位电力所使用的材料[12]。相比之下，核电厂非常高效，其每单位发电量所使用的材料比其他能源（除天然气）少得多。

这意味着投入核电厂建设和运营的每一磅材料都能获得更多的能量。这是一个重要的考虑因素，因为生产这些材料的过程也会排放温室气体。（关于这方面的内容，我会在第五章中详细说明。）另外还有一些事实没有考虑进去：与核电厂相比，太阳能发电厂和风电厂通常需要占用更多土地；核电厂可以在90%的时间里发电，而太阳能发电厂和风电厂只能在25%~40%的时间里发

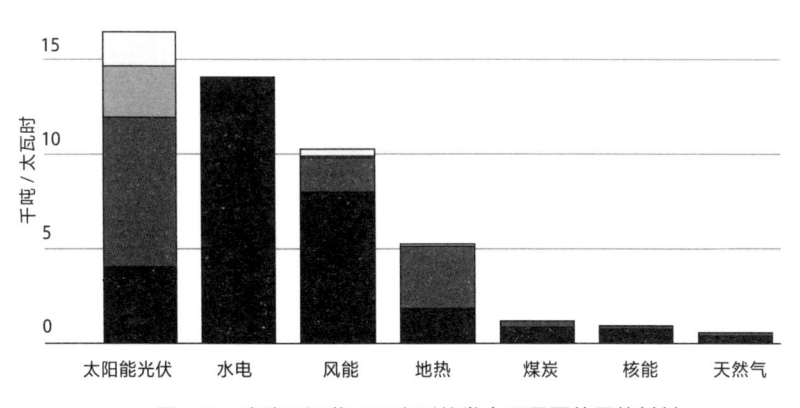

图 4-5　建造和运营不同类型的发电厂需要使用的材料

资料来源：U.S. Department of Energy

电。所以，它们之间的差距比图 4-5 显示的还要大得多。

核能也有其自身问题，这并不是什么秘密：现在核电厂的建设成本非常高，人为失误会造成事故，核电厂所用的燃料铀可被用于制造核武器，核废料非常危险且难以存放。

美国三里岛、苏联切尔诺贝利和日本福岛发生的备受瞩目的核事故，将这些风险都推到了公众面前。在这些灾难的背后的确存在一些问题，遗憾的是我们并没有着手解决它们，而是停下了在这一领域前进的步伐。

假设有一天大家聚在一起说："汽车会撞死人，它们太危险了。让我们停止驾驶并放弃这些车吧。"当然，这会让人觉得荒谬可笑。我们不仅不会这样做，相反，我们还会通过创新提升汽车的安全性。为防止人们因撞破挡风玻璃而飞出去,我们发明了安全带和安全气囊;为保护乘客免受交通事故的伤害,我们为汽车开发了更安全的材料,并采用了更安全的设计;为保护停车场内路人的安全,我们为汽车安装了后视摄像头系统。

死于核事故的人远比在车祸中丧生的人少得多。就此而言,核事故所导致的死亡人数少于任何一种化石燃料(见图4-6[13])。

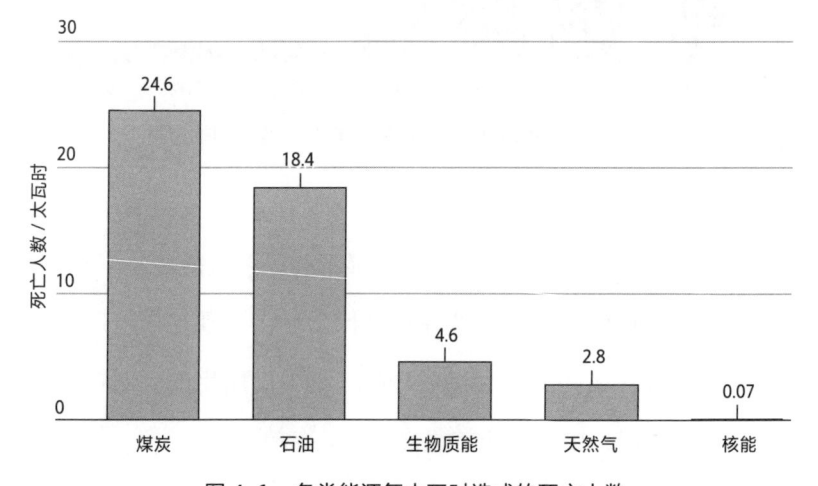

图 4-6　各类能源每太瓦时造成的死亡人数

注:如果按照每单位电力造成的死亡人数计算,核能并不危险。图中数字涵盖了作为能源的燃料从开采到发电的整个过程,以及它们造成的环境问题,比如空气污染。

资料来源:Our World in Data

因此,我们应该对核能加以改进,就像我们对待汽车一样:逐一分析问题,并通过创新方法解决它们。

科学家和工程师已经提出各种不同的解决方案。我非常看好泰拉能源给出的方法,泰拉能源是我于2008年创建的一家核技术

第四章 电力生产与存储

公司，它会聚了全球优秀的核物理学家和计算机模型专家，致力于设计下一代核反应堆。

因为没有人会让我们在现实世界建造实验反应堆，所以我们在华盛顿州的贝尔维尤设立了一个超级计算机实验室。在那里，团队成员对不同的反应堆设计进行数字模拟。通过利用一种名为"行波堆"的设计，我们认为我们创建的模型可以解决所有关键问题。

泰拉能源的反应堆可以使用多种不同类型的燃料，其中也包括其他核设施的废料。该反应堆产生的废料将远少于今天的核电厂。它可以全自动运行，从而消除了人为操作失误的可能性；可建在地下，免受攻击威胁。而且，该反应堆的设计非常安全，同时采用了创新技术控制核反应。比如，放射性燃料会被保存在燃料细棒中，温度过高时，燃料细棒会膨胀，进而放缓核反应的速度，避免出现过热现象。物理定律完全可以防止事故的发生。

到目前为止，泰拉能源的设计还仅存在于超级计算机中，我们离真正动工建设新厂还有很多年。但我们正在与美国政府合作，共同打造首台样机。

核聚变。 在核能利用方面，还有另外一种完全不同的方法，这个方法很有前景，但要用它来为消费者提供电力至少还需要10年。跟核裂变分裂原子获取能量不同，核聚变涉及原子的聚合，或者说融合。

核聚变所依赖的基本过程与为太阳提供能量的基本过程是一样的。你首先要从一种气体开始——大多数研究专注于某种类型的氢气，让它变得非常热，温度远超 5 000 万摄氏度，同时使其处于一种被称为"等离子体"的带电状态。在超高温下，粒子飞速移动，并在相互碰撞中聚合到一起，其过程就跟太阳中的氢原子的聚合一样。氢粒子发生聚合后会转变成氦，并在此过程中释放巨大的能量，这些能量可被用来发电。（科学家已经掌握许多约束等离子体运行的方法，最常见的方法是用强磁体或激光来约束。）

核聚变虽然仍处于实验阶段，但前景广阔，因为它使用的是氢等常见的可用元素，所以燃料廉价且充足。在核聚变中，常用的氢可从海水中提取，其储量足可满足全球数千年的能源需求。核聚变产生的废料的放射性会持续数百年，而核裂变的废料钚和其他元素的放射性长达数十万年之久。核聚变产生的废料的危险程度（与放射性医疗垃圾相当）远低于核裂变的。另外，在核聚变中不会出现失控的连锁反应，因为只要停止供应燃料或关闭约束等离子体的装置，核聚变就会停止。

然而，在实践中，形成核聚变异常困难。在核科学家中流传着一个经典的笑话："距离核聚变还有 40 年，而且永远都是 40 年。"（我承认，在这里用"笑话"这个词有些随便。）最大的障碍是启动核聚变需要大量的能量，而最终结果是在这个过程中投入

第四章 电力生产与存储

的能量通常大于从中得到的能量。对于另一个障碍，你可能也已经想到，那就是温度问题，这对建立核反应堆来说是一个巨大的工程挑战。在现有的核聚变反应堆中，无一是为客户提供电力而设计的，它们只是用于研究。

目前在建的最大项目是位于法国南部的一座实验设施——国际热核聚变实验堆计划（ITER），这是欧盟和6个国家参与的合作项目，工程始于2010年，至今仍在建设中。到21世纪20年代中期，ITER有望产生第一束等离子体；到21世纪30年代末期，有望产生剩余能量——10倍于其运行所需的能量。这将是核聚变的"小鹰号"[①]时刻，而这一重大成就也将推动人类走上建设商用示范核聚变反应堆的道路。

而且，随着更多创新技术的涌现，核聚变也将更加实用。比如，目前一些公司正在利用高温超导体制造用于约束等离子体的强磁场，如果这种方法奏效，就可以建造规模远比现在小的核聚变反应堆，其成本不仅会大幅降低，工程速度也将大大加快。

问题的关键并不在于哪家公司拥有核裂变或核聚变领域所需的唯一突破性理念，而在于人类要再一次认真对待发展核能的问题。这是一个极有前景的领域，容不得任何忽视。

离岸风电。 在海上或其他水域安装风力涡轮机有很多好处。

[①] "小鹰号"航空母舰是美国海军隶下的一型常规动力航空母舰，是美国海军小鹰级航空母舰的首舰。——编者注

因为美国许多大城市都靠近海岸，所以我们可以在离它们更近的地方发电，这样也就避免了很多电力输送方面的问题。另外，相比于陆上风力，离岸风力更稳定，所以其间歇性问题也不突出。

尽管存在这些优势，但离岸风电目前在全球总装机容量中只占很小的份额——2019 年这个比例是 0.4% 左右。离岸风电多分布在欧洲，其中北海①地区最为集中。美国只有一个海上风电项目，位于罗得岛州，总装机容量为 30 兆瓦，要知道美国人的用电量约 1 000 吉瓦，所以离岸风电仅为这个国家提供了 1/32 000 的电力。

对离岸风电行业来说，只有加快发展这一条路可走。行业公司正在寻找制造更大尺寸风力涡轮机的方法，这样一来单台风力涡轮机就可以生产更多电力。他们还致力于解决一些工程挑战，比如如何更好地在海洋中安放大型金属物体。这些创新降低了成本，各国也开始安装更多的风力涡轮机。在过去 3 年里，离岸风电年平均增长率达 25%。英国是当今世界离岸风电装机容量最大的国家，这得益于其政府明智的补贴政策，受此鼓励，各公司纷纷加大对该领域的投资。中国也正在大规模地投资离岸风电，到 2030 年，中国很可能成为全球离岸风电第一消费大国。

美国拥有丰富的离岸风能，尤其是在新英格兰、北加利福尼

---

① 北海，大西洋东北部边缘海，位于欧洲大陆的西北边。——编者注

亚和俄勒冈、美国墨西哥湾沿岸地区及五大湖地区，理论上可以依此生产 2 000 吉瓦的电——足够满足全美当前的需求。[14] 但如果我们准备利用这一潜在资源，那就必须打破与项目开发相关的条条框框。今天，要想拿到政府许可，不得不接受严峻的官僚主义考验：要购买数量有限的联邦租约，要花几年时间拿到环境影响报告书，然后再去申请州政府和地方政府的许可证。而且，在这条路上的任何一步都可能遭到海滨地区业主、旅游业部门、渔民和环保组织的反对。当然，有些反对是合情合理的，有些则不然。

离岸风电行业有广阔的发展前景：一是它越来越便宜；二是在许多国家的"脱碳"行动中，它可以发挥关键的助力作用。

地热。地下深处（从距离地面数百英尺到一英里）埋着可用来生产"零碳"电力的热岩。我们可以用高压把水注入这些岩石，注入的水会吸收岩石的热量，然后再从另外一个口排出，其所获能量可用来驱动涡轮机发电，或以其他方式发电。

但开发地下热能也有其不利的一面。它的能量密度很低，所谓"能量密度"，是指每平方米储存能量的多少。戴维·麦凯在出版于 2009 年的精彩著作《可持续能源：事实与真相》中，估测地下热能仅能满足英国不到 2% 的能源需求。[15] 虽然占比不高，但要完全获得这些能量需要开发这个国家的每一平方米土地，而且钻井还得是免费的。

地热的开发需要钻井，但问题是我们很难提前知道某一口井会不会产生我们需要的热能，或者产生热能会持续多长时间。在地热钻探方面，成功打出地热的井约占60%。另外，地热仅存在于全球的某些特定地区，最佳钻井地点往往位于火山活动地带。

这些问题意味着，地热在全球电力消费中只会占较小的比例，即便如此，逐一解决它们也是值得的，就像我们逐一解决汽车的安全问题一样。相关公司正在开展各种创新活动，在过去几年里，这些活动所依赖的技术进步也大大提升了石油和天然气的钻探效率。比如，有些公司研发的先进传感器有助于确定有前景的地热井的位置；有些公司采用水平钻井技术，可以更安全、更高效地开发地热资源。这充分说明，原本为化石燃料行业开发的技术，实际上也可以帮助我们实现零排放的目标。

电力存储

电池。我从没想到自己会在有关电池的知识方面投入那么多的学习时间。（我也从没想到自己会在电池类初创公司上面亏掉那么多的钱。）让我惊讶的是，锂离子电池（笔记本电脑和手机用的就是此类电池）存在局限性且改进空间非常小，发明家研究了可用来制造电池的所有金属，但目前看来，要想找到可大幅度提升电池性能的制造材料似乎不太可能。就电池性能的提升而言，我认为可实现的是提升3倍，而不是50倍。

当然，绝对不能低估优秀的发明家。我遇到过一些杰出的工程师，他们正在研发可为一座城市存储足够电能的经济适用型电池，也就是电网级电池，而不是用于手机或电脑的小型电池。此外，电网级电池还能长时间储存电能，足可确保城市度过可再生资源的季节间歇性阶段。我很钦佩的一位发明家正在研究一种使用液态金属的电池。这背后的理念是液态金属可以快速存储和输送更多能量，如果你想为整座城市供电，这正是你所需要的。该技术已经在实验室得到验证。这位发明家的团队正在想方设法降低电池成本，使之足够经济实惠，同时验证其在现实场景中的工作状况。

另外还有一些发明家正致力于研究液流电池，即把液体存储到不同的容器中，然后通过泵送系统使液体流到一起，进而产生电力。储液容器越大，可存储的能量越多，而电池尺寸越大，其经济性就越明显。

抽水蓄能。这是一种可满足城市需求的大规模储能方式，其工作原理是：在电力便宜的时候（比如一股强风大大加快了风力涡轮机的转速），把水抽到山上的水库里，在电力需求加大的时候，再把水库里的水放出来，利用水力驱动涡轮机，使之产生更多电力。

抽水蓄能是世界上最大的电网级电力存储形式。令人遗憾的是，这在很大程度上只是说说而已。美国十大抽水蓄能设施的储能总量尚不及全国一小时的用电量。你可能会猜到这个行业还没有真正起飞的原因：把水抽到山上，需要一个储量庞大的水库，当然，还需要一座山。缺少任何一项，都是无米之炊。

多家行业公司已经在寻找替代方案。比如，一家公司正在研究能否把水以外的物体移到山上，比如卵石。另外一家公司则在研究一种不利用山体的方法：把水抽到地下，使之保持压力状态，待需要驱动涡轮机时再将水释放出来。如果这个方法奏效，那可以用神奇来形容了，因为这几乎不涉及地面设备，减少了后顾之忧。

热能存储。这背后的理念是，在电力供大于求的时候，用它加热某种材料，然后在需要更多电力的时候，再通过热机将这些热能转化为电力。使用这种方法，发电效率可达 50%~60%，还是不错的。工程师知道，很多材料都能长时间保持高温且不会损失太多能量。目前，最具前景的方法是将热能存储在熔盐中，一些科学家和相关行业公司已经开始这方面的研究。

泰拉能源正在努力寻找利用熔盐的方法，如果后期能成功建厂，那么我们就不必再争用白天产生的太阳能电力。这背后的理念是，把白天产生的热能存储起来，然后在夜间（也就是在无法使用廉价太阳能电力的时候）将其转化成电力。

廉价氢气。我希望人类能在存储领域取得一些重大突破，但也可能存在这样一种情况：随着某种创新的出现，这些存储理念都会变得过时。比如，个人电脑的出现在某种程度上就让打字机变得无关紧要了。

在电力存储方面，廉价的氢气可能会扮演这一角色。

原因在于，氢气是燃料电池的关键原料之一。燃料电池从两种气体（通常是氢气和氧气）的化学反应中获取能量，而其唯一副产品就是水。我们可以用太阳能电力或风电制造氢气，再以压缩气体的形式或以其他形式将其存储起来，并置入燃料电池中，待有需求时用来发电。实际上，我们是用清洁电力制造无碳燃料，而这些燃料可以存储多年，并且随时可以重新转化为电力。这样一来，将解决前文提到的地点问题：虽然不能用轨道车运送阳光，但可以先把阳光转化为燃料，转化成燃料后，想把它运到哪儿就运到哪儿。

我们面临的问题是：目前，在零排放的情况下制造氢气的成本高昂。它不像把电力直接存储于电池中那样高效，因为你得先用电力制造氢气，再用制造的氢气发电，这意味着每一步都在损失能量。

另外，氢气是一种非常轻的气体，很难存储于常规尺寸的容器。如果对氢气进行增压处理（在同等容量的容器中充入更多氢气），它会更易于存储。但由于氢原子实在太小了，一旦受到压力，它就会透过金属迁移出去。这就好比加满了的气罐，虽然加满了，但里面的气体会慢慢逃逸出来。

最后，制造氢气的过程（即电解）还需要各种成本高昂的材料（即电解槽）。在美国加利福尼亚州，使用燃料电池的汽车已经上市，氢燃料的成本转化为每加仑汽油的价格约等于 5.6 美元。所以，科学家正在试验可用来制造电解槽的廉价材料。

其他创新

碳捕获。我们可以继续像现在这样用天然气和煤发电，同时可以在二氧化碳排入大气前把它吸收掉，这被称作"碳捕获和封存"（CCS），涉及在化石燃料发电厂安装特别装置，用以吸收排放物。这些排放点捕获装置已经存在几十年，但它们的购买和运营成本都很高，通常也只能捕获所涉及的 90% 的温室气体，而电力公司安装这类装置并不会给自身带来任何收益，因而使用者甚少。相关部门可以通过明智的公共政策鼓励安装碳捕获装置。关于这个话题，我将在第十章和第十一章中谈到。

前文提到过一项名为"直接空气捕获"的相关技术。正如该技术名称的隐含意指出的，该技术的作用是直接从空气中捕获碳。相比于排放点捕获技术，直接空气捕获技术更为灵活，可以在任何地方使用它。在实现零排放的道路上，直接空气捕获的作用可以说至关重要。美国国家科学院的一项研究发现，到 21 世纪中叶，美国每年需要消除大约 100 亿吨二氧化碳，而到 21 世纪末，这个数字是每年约 200 亿吨。[16]

但直接空气捕获技术面临的技术挑战远大于排放点捕获技术，主要是因为二氧化碳在空气中的浓度很低。在燃煤电厂的排放物中，二氧化碳浓度很高，约为 10%，但其一旦进入大气，也就是直接空气捕获技术的应用领域，二氧化碳就会广泛分散开来。在大气中随机挑选一个分子，其是二氧化碳的概率只有 1/2 500。

相关公司正在研发可以更好地吸收二氧化碳的新材料。若研发成功，这些材料将降低排放点捕获和直接空气捕获的成本，并提升它们的效率。此外，在安全捕获和存储温室气体方面，目前所采用的直接空气捕获技术需要消耗大量的能量。在不消耗能量的情况下做功是不可能的。物理定律设定了做功所需能量的最低值，但从最新的技术来看，它们所用的能量远超该最低值，因而还有很大的改进空间。

节电。我过去常常嘲讽这样一个理念：以更高效的方式使用电力会减缓气候变化。我的观点是：如果用于减排的资源有限（情况也的确如此），那么取得最大成效的方法就是走零排放之路，而不是花大力气降低对能源的需求。

到今天，我也没有完全放弃这一观点。但当我意识到用太阳能和风能发电需要用到大面积的土地时，我的立场有所动摇。就占地面积而言，在装机容量相当的情况下，太阳能发电厂是燃煤电厂的 5~50 倍，风电厂更是太阳能发电厂的 10 倍。针对实现

100%清洁电力的目标，我们应当竭尽所能，增加成功的概率，但如果我们可以最大限度地降低电力需求，那么这个目标实现起来会更容易。因此，任何节电措施都是大有助益的。

这里还有一个相关方法，叫"负荷转移"或"需求转移"，即通过调整用电负荷，增强一天中用电的稳定性。如果负荷转移能够被大规模应用，那么这意味着我们日常生活的用电方式将发生重大变化。现在，我们通常是什么时候用电就什么时候发电，比如启动发电厂为城市夜间照明提供电力。然而，通过负荷转移，我们可以反其道而行之：在电价最低的时候多用电。

举例来说，家中的热水器可设定在下午4点而不是晚上7点开启加热，或者，某天你回到家就给电动车插上充电线，但要到凌晨4点才会自动充电，因为这些时段用电需求小，电价低。在工业层面，能源密集型工艺可以在电力最容易获得的时候开展作业，比如污水处理和氢燃料制造。

如果负荷转移会带来重大影响，那么我们需要在政策上做出一些调整，也需要取得一些技术进步。公用事业公司要全天更新电价，以适应供求关系的变化。举例来说，你家中的热水器和电动车必须足够智能，可依照价格信息及时调整用电时间。在极端情况下，也就是在电力特别难获得的时候，我们必须有减少需求的能力。这意味着我们要对电力分配实行配给制，优先满足最重要部门的用电需求（比如医院），并切断非必要活动的用电需求。

请记住,尽管我们需要重视所有这些想法,但在实现电网"脱碳"方面,我们可能并不需要把它们全部付诸实践。有些想法与其他想法存在重叠之处。例如,如果能够在研发廉价氢气领域取得突破,我们可能就不必过于担心如何获得神奇的电池了。

可以肯定一点,那就是我们需要一个切实可行的新电网开发计划,以确保随时获得可靠的、可负担的"零碳"电力。如果有精灵给我一个许愿的机会,让我针对影响气候变化的某种活动选一项突破性技术,那么我会选择电力领域内的突破:对实体经济领域的其他部分来说,电力在"脱碳"方面将发挥至关重要的作用。在第五章,我会讲述我们是如何生产和制造产品的,比如钢铁和水泥。

第五章

生产和制造

总排放量   **31%**

创新生产材料与生产工艺,实现"零碳"制造的四个路径。

从华盛顿的梅迪纳（梅琳达和我居住的地方）到盖茨基金会的西雅图总部，总共 8 英里车程。从家到办公室，我要穿过华盛顿湖上的常绿岬浮桥。常绿岬浮桥是正式名称，生活在这里的人从不这么叫它。对当地人来说，它是 520 桥，是以穿越该桥的 520 号州道命名的。这座桥的长度超过 7 700 英尺，是世界上最长的浮桥（见图 5–1[1]）。

有时驶过 520 桥，我会多花点儿时间欣赏它的神奇之处：它之所以神奇并不是因为它是世界上最长的浮桥，而是因为它是一座浮动的桥。用大量沥青、混凝土和钢建造起来的庞大结构，再加上上面穿梭的数百辆汽车，它还能漂浮在湖上，没有沉下去，到底是为什么？

答案是：这是神奇材料展现的工程奇迹，这个神奇材料就是混凝土。乍看之下似乎有些奇怪，因为我们会很自然地想到沉重的混凝土砌块是不可能浮在水面上的。混凝土是可以用来制造砌块，比如医院的混凝土墙就足够坚固，坚固到可以吸收核辐射，但也可以用来制造空心物，就比如支撑 520 桥的那 77 个防水的混凝土充气浮筒，每个浮筒重达数千吨，有足够的浮力让自身浮在湖面，而且足够坚固。它们支撑着桥梁和在桥梁上高速行驶的所有汽车，当然，在每天的交通阻塞时段，则是如蜗牛般行驶的汽车。[2]

图 5-1　位于西雅图的 520 桥

注：每次从家开车到盖茨基金会总部，我都会穿过这里。它是现代工程的奇迹。

第五章 生产和制造

你不用刻意去寻找，在你身边还有其他很多由混凝土造就的奇迹。因为抗锈、抗腐且不会燃烧，所以大多数现代建筑都用混凝土作为材料。如果你是水电迷，那么应该感谢混凝土，因为正是它的存在才让大坝的出现成为可能。下次见到自由女神像时，你看一看她的基座——那可是用 2.7 万吨混凝土建造的。[3]

即便是美国最伟大的发明家，也无法抗拒混凝土的魅力。托马斯·爱迪生想把整个家都建成混凝土的，他梦想着打造混凝土家具，比如卧室家具组合，他甚至还尝试设计混凝土唱片机。[4]

尽管爱迪生的这些想象从未成为现实，但它并没有妨碍我们大规模使用混凝土。每年，为改造或修理现有道路、桥梁和建筑物，或建造新的道路、桥梁和建筑物，仅美国一个国家就生产超过 9 600 万吨水泥，而水泥正是混凝土的主要组成成分之一。在美国，这相当于人均近 600 磅。即便如此，美国也算不上全球最大的混凝土消费国——排名第一的是中国。在 21 世纪的前 16 年里，中国的混凝土用量超过了美国在整个 20 世纪的混凝土用量（见图 5–2[5]）。

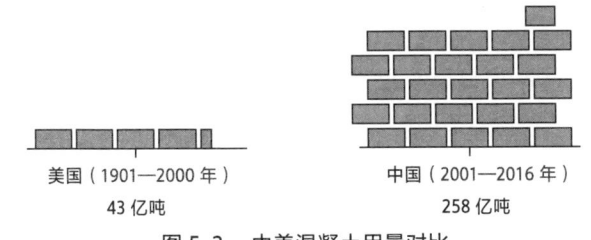

美国（1901—2000 年）
43 亿吨

中国（2001—2016 年）
258 亿吨

图 5-2　中美混凝土用量对比

资料来源：U.S. Geological Survey

显然，人类所依赖的材料并不仅限于水泥和混凝土，还有用来制造各类产品的钢，比如汽车、船舶和火车，冰箱和火炉，工厂机器，食品罐，乃至电脑。钢坚固、便宜、耐用，而且可以无限循环利用。钢和混凝土还是一对完美的搭档：将钢筋置入混凝土，会得到一种神奇的建筑材料，它不仅可以承受极大的重量，而且不会因扭曲而破裂。这就是大多数建筑和桥梁内部使用钢筋混凝土的原因。

美国人消耗的钢量同水泥量基本相当——每年人均 600 磅，这还不包括回收后再利用的钢量。

塑料是另外一种神奇的材料，它被广泛应用于各种产品，从衣服和玩具，到家具和汽车，再到手机，不胜枚举。时下，塑料的名声并不是很好，这在一定程度上是客观评价。但它也有许多优势，所以我们才会广泛应用它。在撰写本章时，我坐在桌前环顾四周，到处都能看到塑料，比如我的电脑、键盘、监视器和鼠标，我的订书机，我的手机，等等。燃油效率高的汽车之所以轻便，一个重要原因就在于塑料：塑料约占汽车制造材料总量的 50%，其重量却只占汽车总重量的 10%。[6]

再接下来是玻璃——我们的窗户、各种瓶瓶罐罐、绝缘材料、汽车、为我们提供高速互联网接入的光纤电缆等。铝被用于易拉罐、箔、电力线、门把手、火车、飞机、啤酒桶等物品当中。肥料助力增产增收。多年前，我曾预测，随着电子通信越来越普遍、

第五章 生产和制造

电子屏幕越来越普及,纸会消失,但从目前看,还没有迹象显示这会在短期内成为现实。

简而言之,我们生产和制造的材料对现代生活的重要性已经丝毫不亚于电力。我们不会放弃这些材料,相反,随着世界人口的增长和人们生活水平的提高,还会消耗更多的材料。

这个论断是有大量数据支撑的。比如到 21 世纪中叶,钢产量将会比现在增加 50%。不过,我觉得图 5-3 中的两张照片[7] 也具有同等的说服力。两张照片看起来像两个不同的城市,对吧?事实并非如此,两张照片拍摄的都是上海,而且是从同一角度拍摄的。左边的那张照片拍摄于 1987 年,右边的那张拍摄于 2013 年。当我看右边照片中的那些新建筑时,我看到的是成吨的钢、水泥、玻璃和塑料。

图 5-3　1987 年的上海(左)和 2013 年的上海(右)

注:这两张照片让我们看到了什么是发展,有好的一面,也有不好的一面。

这样的场景在世界各地不断上演——尽管大多数地方的发展并不像上海这样引人注目。我要重申本书中反复出现的一个主题：这种进步是好事。这两张照片折射出城市的快速发展，意味着民众生活的方方面面都得到了提升，他们赚了更多的钱，接受了更好的教育，再也不会年纪轻轻就死去。对任何关心脱贫事业的人来说，这无疑是一个好消息。

但在这里，让我们重申本书中另一个经常出现的主题：即便是银色的云彩，背后也会有一丝黑暗。在生产和制造所有这些材料的过程中，会产生大量温室气体。事实上，这些活动的温室气体排放量约占全球温室气体总排放量的三分之一。具体到某些材料，我们还没有切实可行的"零碳"生产工艺，也就是在生产过程中不产生碳排放的工艺，这一点在水泥生产方面表现得尤为明显。

让我们来看看怎样才能打破这个怪圈。也就是说，如何做到在继续生产这些材料的同时，避免导致气候恶化到人类无法居住的程度？为简便起见，我们将重点放到三种最重要的材料上——钢、混凝土和塑料。同第四章中所讲述的电力一样，我们也将回顾人类是如何走到今天这一步的，以及为什么这些材料会给气候带来如此大的麻烦？然后，我们将计算利用当今技术减少排放量的绿色溢价，并考察有助于降低绿色溢价的种种方法及生产这些材料的"零碳"方式。

第五章　生产和制造

钢的历史可以追溯到大约4 000年前。从铁器时代到今天我们能用上廉价的、种类繁多的钢产品，这几千年间出现了一系列迷人的发明。但依我个人的经验来看，大多数人不会对高炉、搅炼炉和贝塞麦转炉的炼钢法之间的区别感兴趣。所以，我在这里讲的是人们主要应该了解的事情。

钢之所以受欢迎，是因为它具有令人满意的硬度及高温下的易塑造性。生产钢需要纯铁和碳。就铁本身而言，它并不是很坚硬，但只要加入适量的碳（不超过1%，这取决于你想要什么样的钢），碳原子就会挤在铁原子之间，从而使钢获得其最重要的属性。

碳和铁不难获得，前者可以从煤炭中获得，后者是地壳中的常见元素。但纯铁非常罕见，在开采铁这种金属时，你会发现它几乎都是跟氧及其他元素结合在一起的，这种混合物就是铁矿石。

要生产钢，就得把氧从铁中分离出去，并在铁中加入少量的碳。这两点都不难实现：借助氧气和被称作"焦炭"的煤，只需在高温（1 700摄氏度或3 000华氏度以上）下冶炼铁矿石。通过高温冶炼，铁矿石释放出氧，焦炭释放出碳，少量的碳跟铁结合形成我们想要的钢，剩余的碳则与氧结合，形成我们不想要的副产品——二氧化碳。在这个过程中，二氧化碳的产量巨大。每生产1吨钢，会产生大约1.8吨二氧化碳。

为什么我们要采取这种做法？因为成本低廉，导致在我们开始担忧气候变化问题之前，没有动力改用其他方法。铁矿石很容易开采（因而价格不高），煤炭也不贵，因为它在地下的储量丰富。

所以，这个世界的发展仍保持着马力，并未放缓步伐。尽管美国的钢产量已基本进入稳定期，但全球钢产量还在不断增长。目前，多个国家的粗钢产量已经超过美国，比如中国、印度和日本。到 2050 年，全球每年将生产大约 28 亿吨粗钢。也就是说，如果我们找不到新的、气候友好型的冶炼方法，那么到 21 世纪中叶，仅炼钢这一个领域，每年就会释放 50 亿吨二氧化碳。

这听起来很有挑战性，再看看混凝土的生产，其挑战难度更大。要生产混凝土，你需要把石子、沙子、水和水泥混合搅拌到一起。在这些原料中，前面三种带给我们的挑战相对容易解决，对气候造成大麻烦的其实是水泥的生产。

要生产水泥，就得有钙。要想获得钙，首先得有石灰岩（石灰岩中含有钙，还有碳和氧），然后把石灰岩同其他原料一同放入窑炉中做焚烧处理。

因为有碳和氧的存在，所以你可能会猜到将发生什么。将石灰岩焚烧之后，会得到你想要的东西，也就是用以生产水泥的钙，外加你不想要的东西——二氧化碳。除此工艺外，没有人知道其他生产水泥的方法。这是一种化学反应：石灰岩加上热能等于氧化钙加上二氧化碳。情况就是这样，它是一种一对一的关系。每

第五章 生产和制造

生产 1 吨水泥，会产生大约 1 吨二氧化碳。

而且，同钢生产一样，我们也没有理由认为我们会停止生产水泥。中国是当今全球最大的水泥生产国，其水泥产量是全球排名第二的印度的 7 倍，比世界其他国家的产量总和还要多。[8] 2021—2050 年，全球水泥年产量将小幅上升（中国的建筑热潮趋于减退，其他小型发展中国家则开始加速），然后回落到每年近 40 亿吨的水平，大致与当前的产量相当。[9]

同水泥和钢相比，塑料可以说是这个群体中的"婴儿"。尽管人类早在几千年前就已经在使用橡胶等天然塑料，但直到 20 世纪 50 年代，合成塑料才开始在我们的生活中盛行起来，而这主要得益于化学工程领域的一些研究突破。今天的塑料有 20 多个类型，其中既包括你可能比较熟悉的用于制造酸奶容器等产品的聚丙烯，也包括一些你可能想不到的，比如涂料、地板蜡和洗衣粉中的丙烯酸，肥皂和洗发水中的微塑料，防水夹克中的尼龙，或者在 20 世纪 70 年代我穿过的那些至今难以忘怀的衣服中的涤纶。

这些不同类型的塑料都有一个共同点——含有碳。事实证明，碳在制造各类材料时发挥着重要作用，因为它很容易与不同的元素相结合。就塑料而言，碳通常是跟氢和氧结合。

既然你已经读到这里，那么对于塑料生产企业的碳来源可能就不会感到惊讶了。他们提炼石油、煤炭和天然气，然后通过各种方式对炼制品进行加工，以此获得碳。这也解释了塑料价格低廉的原因：同水泥和钢一样，塑料之所以便宜，是因为化石燃料便宜。

但同水泥和钢相比，塑料有一个重要的不同之处。在生产水泥或钢时，二氧化碳作为一种不可避免的副产品被释放出来，而在生产塑料时，大约50%的碳存留在塑料中。（就不同的塑料而言，这个百分比其实差别很大，但50%是一个合理的近似值。）碳很容易跟氧和氢结合，它们结合之后通常不易分开，因此塑料需要几百年的时间才能降解。

这是一个重大的环境问题，因为塑料被填埋或进入海洋之后，仍会存在一个世纪乃至更长的时间。这也的确是一个亟待解决的问题：漂浮在海洋中的塑料会引发各种各样的问题，比如毒害海洋生物。但是，塑料不会导致气候恶化。单就排放而言，塑料中含有碳并不是特别糟糕的消息。因为塑料需要漫长的时间才能降解，所以其内部的碳原子不会排放到大气中，也就不会导致温度上升——至少在很长的一段时间内不会。

在这里我再强调一下，这项快速调查仅涵盖我们时下生产的三种最重要的材料，肥料、玻璃、纸、铝及其他很多材料均未包括在内。但关键点是一样的：我们制造了数量庞大的材料，并在此过程中排放出可观的温室气体——占每年温室气体总排放量510亿吨的近三分之一。我们需要把这些排放量降低到"0"，但并不能简单地停止生产和制造活动。在本章的剩余部分，我将对替代选项进行考察,看看其绿色溢价到底有多高,然后再看看怎样才能通过技术降低绿色溢价。因为只有绿色溢价降下来了,人们才会有采取"零碳"方法的意愿。

要计算材料的绿色溢价,首先得了解产品制造过程中的温室气体排放来自哪里。在我看来,这包括三个阶段:(1)利用化石燃料为工厂提供其运营所需的电力时;(2)利用化石燃料为不同的制造流程提供热能时,比如钢铁生产中的铁矿石熔化;(3)真正制造这些材料时,比如水泥的生产就会不可避免地产生二氧化碳。接下来,让我们逐一进行分析,看看它们是如何抬高绿色溢价的。

就第一阶段的电力而言,我们在第四章中已经讲了该领域的大部分关键性挑战。在计入电力存储和输送因素以及很多工厂一天24小时均需要可靠电力的事实之后,清洁电力的成本大幅飙升。大多数国家的这个升幅远超美国或欧盟。

再来看第二阶段:如果不燃烧化石燃料,怎样获得热能?如果不需要超高的温度,那么可以用电热泵或其他技术,但如果需要的是几千摄氏度的高温,电力并不是一个经济的选项——至少从当前的技术水平来看是这样的。你要么利用核能,要么燃烧化石燃料并安装碳捕获装置。令人遗憾的是,碳捕获不是免费的,它会增加制造商的成本,这些成本又被转嫁到消费者身上。

第三阶段,也是最后一个阶段:我们如何处理本身就会造成温室气体排放的生产过程?要知道,生产钢和水泥是会排放二氧化碳的——这里说的还不是化石燃料的燃烧,而是一些产生二氧化碳的化学反应,这些化学反应对钢和水泥的生产至关重要。

就当前情况来看,答案非常明确:除非关闭制造部门的这些部分,否则无法避免排放二氧化碳。若想利用现有的技术消除这些排放,可选项跟第二阶段一样有限。我们必须使用化石燃料和碳捕获装置,而这同样会增加成本。

在了解了这三个阶段后,再来看利用碳捕获装置生产清洁的塑料、钢和水泥的绿色溢价区间(见表 5-1[10])。

表 5-1 塑料、钢和水泥的绿色溢价

材料	每吨的平均价格(美元)	每生产一吨材料所排放的碳(吨)	采用碳捕获技术后每吨的价格(美元)	绿色溢价区间
乙烯(塑料)	1 000	1.3	1 087~1 155	9%~15%
钢	750	1.8	871~964	16%~29%
水泥	125	1	219~300	75%~140%

除了水泥,塑料和钢的绿色溢价看起来并不是很高。的确,在某些情况下,消费者可能根本感受不到价格上涨的压力。举例来说,一辆售价 3 万美元的汽车,其制造材料中可能包含 1 吨钢,这种钢每吨的价格是 750 美元还是 950 美元,几乎不会对汽车的整体价格产生任何影响。即便是自动售货机里售价每瓶 2 美元的

第五章 生产和制造

可乐，其瓶身所用塑料在整体价格中所占的比例也是极小的。

但消费者承受的最终成本并不是唯一重要的因素。假设你是一名为西雅图市工作的工程师，你正在评估某桥梁修复的投标文件，一份文件中的水泥报价是每吨125美元，另一份文件中的水泥报价是每吨250美元（包含碳捕获的成本）。你会怎么选？在使用"零碳"水泥方面，如果没有激励措施，那么你自然会挑便宜的。

或者，假设你在经营一家汽车制造公司，你愿意在钢的采购成本上多投入25%吗？可能不愿意，尤其是当你的竞争对手决定一如既往地使用廉价材料时。汽车的整体价格只会上涨一点点这个事实并不会给你带来多大的安慰，你的利润率已经很低了；反之作为消费者，如果你需要的重要的商品的价格上涨了25%，你会乐于接受吗？在一个利润空间很小的行业内，25%的溢价可能就是维持经营和走向破产的临界点。

尽管少数行业中的少数制造企业可能愿意承担这一成本，以此表明其正在为解决气候变化问题贡献自己的力量，但仅仅靠这些努力，我们永远不可能推动系统性的变革，因而也就无法实现零排放的目标。同样，我们也不能把希望寄托到消费者身上：即便他们要求商家提供更多的绿色产品，绿色溢价也不会下降。毕竟，购买水泥或钢的是大公司，不是作为个体的消费者。

降低绿色溢价，还有其他方法，其中之一是利用公共政策为清洁产品创造需求，比如制定激励政策鼓励购买"零碳"水泥或钢，甚至出台相关规定，要求人们购买此类产品。如果法律有要求，客户有要求，而且竞争者也遵守要求，那么企业就更有可能为清洁材料支付溢价。关于这方面的激励措施，我会在第十章和第十一章中介绍。

至关重要的是，我们需要创新生产工艺，需要开发"零碳"制造方法。让我们来看看这方面的一些机会。

在本章讲述的所有材料中，水泥带给人类的挑战最大。前面讲的那个简单事实是很难绕过的：石灰岩加上热能等于氧化钙加上二氧化碳。不过，有些公司已经有了出色的创意。

方法之一：把回收来的二氧化碳（可能是在生产水泥的过程中捕获的）重新注入尚未使用的水泥。采用该方法的公司现在已经有几十个客户，其中就包括微软和麦当劳。目前，这种方法仅能减少大约10%的碳排放量，这家公司的最终目标是达到33%。

方法之二：这个方法更多的是理论层面的，即利用海水和发电厂捕获的二氧化碳生产水泥。该方法的发明者认为，它最终可以减少超过70%的碳排放量。

然而，即便这些方法成功了，它们也无法提供100%的"零碳"水泥。在可预见的未来，我们还必须依靠碳捕获装置和直接空气捕获技术（如果实用的话）来捕获水泥生产过程中产生的二氧化碳。

对其他大多数材料而言，我们首先需要的就是大量可靠的清洁电力。在全球范围内，电力在制造业部门所用能源中的占比约为四分之一。要想用电力驱动所有工业流程，不仅需要部署现有的清洁能源技术，还需要开发突破性技术，让我们能以廉价的方式生产和存储大量"零碳"电力。

很快，我们就会需要更多的电力，因为我们正在寻找另外一种减排方法——电气化，即在一些工业流程中用电力替代化石燃料。比如，一种非常酷的炼钢法就是用电力取代煤炭。我密切关注的一家公司已经开发了一种名为"熔融氧化物电解"的新工艺：不再使用焦炭和熔炉冶炼铁，而是让电力通过一个包含有液体氧化铁和其他成分的电解池，在电的作用下，氧化铁得以从中分离出来，从而获得用来生产钢的纯铁及作为副产品的纯氧。在整个过程中，没有任何二氧化碳产生。这是一项很有前景的技术，类似于我们已经用了一个多世纪的铝纯化工艺。不过，同其他生产清洁的钢的想法一样，该技术能否实现工业级应用，还有待进一步证实。

清洁电力还可解决另外一个问题：塑料生产。如果把足够多的步骤组合到一起，那么塑料终有一天会变成"碳汇"——一种消除碳而不是排放碳的方式。

下面来看我们的做法：首先，需要一种为精炼流程提供动力的"零碳"方法，我们可以使用清洁电力或由清洁电力产生的氢；其次，需要一种不用烧煤就能为塑料提供碳的方法。方法之一：消除空气中的二氧化碳并提取碳，不过这是一个成本高昂的工艺流程。方法之二：从植物中获得碳，多家公司已经在开展这方面的工作。最后，我们需要一个"零碳"的热能来源，这同样可能是清洁电力、氢或装配有碳捕获装置的天然气。

把所有这些步骤组合到一起，就可以生产净负排放的塑料。事实上，我们会寻找一种从空气中提取碳的方法（利用植物或采用其他方式），然后把获得的碳装入瓶子或其他塑料制品，这样它就会在容器内留存几十年乃至几百年，因而也就不会产生额外的排放。我们保存起来的碳会超过排放的碳。

除了寻找零排放的生产方法，还可以减少材料的使用。仅仅靠回收更多的钢、水泥和塑料远不足以减少温室气体排放量，但至少会起到一定的辅助作用。我们可以回收更多的材料，同时也应该探索新的方法，降低回收过程中所需的能量。由于重复使用物品比回收利用物品所需能量要少，所以我们也应该寻找方法在生产和制造过程中使用各种可改变用途的材料。最后，在建筑物和道路的设计方面，也可以尽量减少水泥和钢的使用。比如，由木材板胶合而成的交叉层压材就非常结实耐用，在某些情况下完全可以替代水泥和钢。

第五章 生产和制造

总结来说，制造部门实现零排放的路径大致是这样的：

1. 尽可能实现所有工艺的电气化，这需要大量的创新；
2. 从已经"脱碳"的电网中获取所需电力，这也需要大量的创新；
3. 利用碳捕获装置吸收剩余的排放，这同样需要大量的创新；
4. 更有效地使用材料，这也离不开大量的创新。

要习惯这个主题。在接下来的章节中，它会经常出现。第六章要讲的是农业，这里有 20 世纪伟大的无名英雄，还有满是打嗝的奶牛的农场。

第六章

种植和养殖

总排放量 19%

给植物施肥、饲养牲畜、减少食物浪费和改变饮食习惯的新方式。

芝士汉堡跟我们家颇有渊源。在我孩提时，跟童子军的伙伴一起远足，回程的路上，他们总想跟我父亲在一起，因为途中父亲会停下来请所有人吃汉堡。很多年后，创办微软时，我在办公室附近的汉堡大师（西雅图地区历史最悠久的汉堡连锁店之一）吃过无数次的午餐、晚餐和夜宵。

再后来，在微软取得成功之后、梅琳达和我创办盖茨基金会之前，我父亲开始在家附近的汉堡大师店办公。他把这个餐厅当成了非正式的办公室，一边在那里吃午餐，一边筛选我们收到的关于捐款请求的函件。一段时间后，他的这个习惯被传了出去，父亲陆续收到寄往汉堡大师店的信件："汉堡大师店转老比尔·盖茨收。"

那是很久之前的事情了，父亲把办公地点从那家汉堡大师店搬到盖茨基金会也有20年了。我虽然现在依然爱吃汉堡，但已经不再像过去那样经常吃了——因为我了解到牛肉和其他肉类对气候变化的影响。

食用类动物的饲养是温室气体排放的主要来源之一。在专家讲的"农业、林业和其他土地利用"领域，它是排名第一的温室气体排放源。作为一个涵盖内容广泛的领域，"农业、林业和其他土地利用"包括从动物饲养到农作物种植再到树木采伐的各种人类活动。此外，该领域还涉及多种温室气体排放：就农业而言，主要排放的温室气体并不是二氧化碳，而是甲烷和一氧化二氮；在一个世纪的时间跨度里，甲烷造成的温室效应是二氧化碳的28倍，一氧化二氮造成的温室效应是二氧化碳的265倍。

合计来看，每年甲烷和一氧化二氮的排放量相当于70多亿吨的二氧化碳，占"农业、林业和其他土地利用"领域总排放量的80%以上。除非采取措施控制它们的排放量，否则这个数字还将继续攀升，因为我们需要为越来越多的、越来越富裕的全球人口提供足够的食物。要想接近净零排放的目标，就必须弄清楚怎样才能减少并最终消除农作物种植和动物饲养过程中产生的温室气体。

种植和养殖并不是唯一的挑战，我们还必须应对森林砍伐及其他土地利用领域的挑战。这些领域每年净排放16亿吨二氧化

第六章 种植和养殖

碳,而且破坏了重要的野生动物栖息地。[1]

为与一个涵盖如此广泛的领域保持一致,本章的内容也就庞杂了一些,方方面面都有涉及。我会讲到我心目中的一位英雄:他是一位农艺师,曾获诺贝尔和平奖,他使 10 亿人免于饥饿,但在全球开发的圈子之外,他的名字却鲜为人知。我还将详细讨论猪粪和牛打嗝(氨气的化学反应)的问题,以及植树是否有助于避免气候灾难。但在探讨这些话题之前,让我们先从历史上的一个已经被证伪的著名预言说起。

1968 年,美国生物学家保罗·埃利希(Paul Ehrlich)在其畅销书《人口爆炸》(The Population Bomb)中描述了有关未来的恐怖场景,与《饥饿游戏》(The Hunger Games)等小说中的反乌托邦场景颇为相似。"养活全人类的战争已经结束。"埃利希写道,"无论现在启动何种应急计划,到 20 世纪七八十年代都将有数亿人死于饥饿。"埃利希还写道:"到 1980 年,印度不可能养活超过 2 亿人。"[2]

所有这些预测,无一成为现实。自《人口爆炸》出版以来,印度人口已经增加了超过 8 亿——当前人口规模是 1968 年的 2 倍多,但印度的小麦和水稻产量是那时的 3 倍多,其经济规模更是那时的 50 倍。[3] 在亚洲和南美洲的很多国家,当地农民也都见证了类似的生产率收益。

结果就是，尽管全球人口不断增长，但在印度或世界其他地区并没有爆发数亿人因饥饿而死亡的灾难。事实上，食物正变得越来越便宜，而不是越来越昂贵。在美国，普通家庭现在的食物支出占预算的比重比 30 年前低。世界其他地区也陆续显现这一趋势。[4]

我并不是说营养不良在一些地方不是严重的问题，恰恰相反，它是严重的问题。事实上，在梅琳达和我的工作日程上，改善极端贫困人口的营养状况是一个重要的优先事项。但我想说的是：埃利希关于大规模饥荒的预测是错的。

为什么？埃利希和其他世界末日预言者都错判了什么？

他们没有考虑到创新的力量，他们没有考虑到像诺曼·博洛格（Norman Borlaug）这样的人。博洛格是一位杰出的农业科学家，正是他发起了一场农业革命，最终让印度和世界其他地区受益匪浅。他培育了品质优良的高产小麦品种，以此提高了单位面积产量，也就是农民所说的收成。（博洛格发现，虽然他培育出了大穗粒品种的小麦，但麦秆无法支撑它们的重量，于是他又培育出短麦秆的小麦。他培育的品种之所以被称作"半矮秆小麦"，原因就在这里。）

博洛格培育的半矮秆小麦被推广到世界各地，其他育种学家也培育出高产的玉米和水稻。得益于此，大多数地区的粮食产量都较过去增加了 2 倍，饥饿人口数量则呈直线下降趋势。今天，

第六章 种植和养殖

博洛格受到广泛称赞,被誉为"拯救了10亿生命的人"。他在1970年获得诺贝尔和平奖,我们至今仍能感受到他所从事工作的影响:全球种植的小麦几乎都源于他培育的品种。(这些新品种有一个缺点,那就是它们需要大量肥料才能实现高产,而正如本章后面部分将讨论的,肥料也有一些负面影响。)我喜欢这个事实:作为历史上最伟大的英雄之一,博洛格拥有自己的头衔,而这个头衔就是农艺师——尽管我们大多数人可能连听都没听说过。

那么,诺曼·博洛格跟气候变化有什么关系呢?

到2100年,全球人口规模将接近100亿,要养活这么多人,我们需要更多的食物。因为人口到21世纪末将增加40%,所以一个很自然的想法就是所需的食物也将增加40%,事实并非如此,我们需要增加的食物远不止这些。

因为随着生活水平的不断提高,人们会摄入更多的卡路里,肉类和奶类的消费量增长尤为明显,而肉类和奶类的生产需要我们种植更多的粮食。比如,一只鸡,它要吃相当于2卡路里的谷物才能提供1卡路里的鸡肉,也就是说,生产1卡路里的鸡肉需要2卡路里的谷物。猪肉的产出比例更低一些——生产1卡路里的猪肉需要3卡路里的谷物,牛肉的产出比例最低——生产1卡路里的牛肉需要6卡路里的谷物。换言之,我们从肉类中摄取的卡路里越多,需要种植的农作物就越多。

图6-1展示了世界各地的肉类消费趋势[5]。美国、欧盟、巴西

和墨西哥基本保持平稳趋势，中国表现出急剧增长趋势。

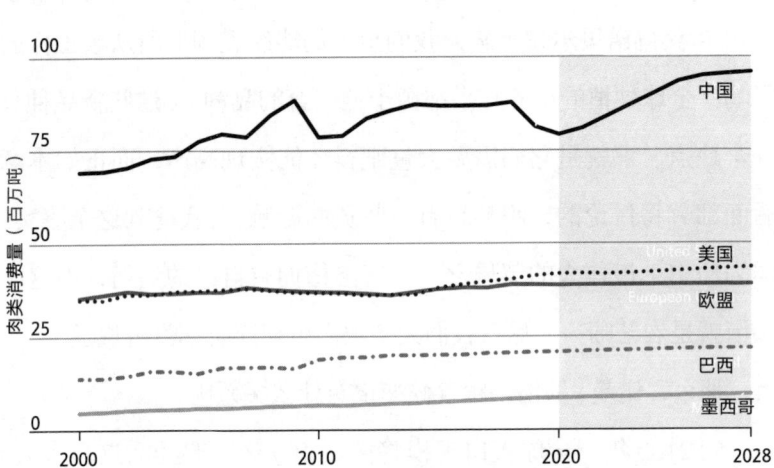

图 6-1　2000—2008 年世界各地的肉类消费趋势

资料来源：OECD-FAO Agricultural Outlook 2020

　　来看看这个难题：我们需要生产远比现在多的食物，但如果继续采用当前的生产方法，那么对气候来说将是一场灾难。假设单位面积产量没有任何提升，那么要养活 100 亿人，与食物相关的温室气体排放将增加三分之二。

　　另一个担忧：如果大力推进基于植物的能源开发，那么可能引发农田争夺战。正如我将在第七章中讲述的，利用柳枝稷等植物制造的先进生物燃料可以以"零碳"方式为卡车、船舶和飞机提供动力，但如果把这些植物种在了原本种植粮食的土地上，那么必然在无意之中抬升了粮食价格，进而将更多的人推入贫困和营养不良的境地，同时会导致更多的森林被砍伐，而毁林造成的

第六章 种植和养殖

后果原本就很危险。

为避免落入这些陷阱,我们需要在未来几年实现更多的博洛格式的突破。在了解这些可能的突破之前,我想先解释一下这些排放究竟来自哪里,进而探讨利用现有技术消除排放的各种选项。我仍将使用绿色溢价说明为什么在今天消除这些温室气体的成本如此高昂,而这也正是我们需要一些新发明的原因。

这让我想起了牛打嗝和猪粪。

观察一个人的胃,会发现它只有一个消化食物的腔室,消化后的食物则会进入肠道。再看牛的胃,它有四个腔室,正是由于这些腔室的存在,牛才可以吃那些人类无法消化的草和其他植物。在被称为"肠内发酵"的过程中,牛胃内的细菌可分解植物的纤维素,然后发酵产生甲烷。牛胃中的大部分甲烷会通过打嗝排到体外,也有一小部分会以肠胃胀气的形式从另一端排出。

(顺便说一句,在进入这个主题后,你可能会碰到一些奇怪的表述。每年,梅琳达和我都会就我们一年的工作发表公开信,在2019年的公开信中,我决定写一写牛的肠内发酵问题。有一天,在审核草稿时,梅琳达和我进行了一场关于健康的争论,而争论的起因是我可以在公开信中使用多少次"放屁"这个词。结果,她让我减到了一次。现在,作为本书的唯一作者,我有了更多的空间,所以我打算继续使用这个词。)

在全球范围内,肉牛和奶牛的养殖规模大约为 10 亿头。它们每年打嗝和放屁所排放的甲烷,就所造成的温室效应而言,相当于 20 亿吨二氧化碳,约占全球温室气体总排放量的 4%。[6]

通过打嗝和放屁释放甲烷,这是牛及其他反刍动物(如绵羊、山羊、鹿和骆驼)特有的问题。温室气体排放源中也包括所有动物共有的一个问题——排便。

粪便在分解时会释放强大的温室气体组合:主要成分是一氧化二氮,另加一些甲烷、硫和氨。在与粪便相关的温室气体排放中,约有一半来自猪粪,其余来自牛粪。动物的粪便实在太多了。作为一个类别,它实际上是农业中仅次于肠内发酵的第二大温室气体排放源。

对于排便、打嗝和放屁这类活动,我们该如何处理?这是一个难题。研究人员已经尝试运用各种手段解决肠内发酵问题,比如用疫苗控制牛肠道内产生甲烷的微生物,采用自然饲养方式减少排放,在饲料中添加特殊物质或药物,等等。就这些努力来看,大多无果而终。不过,有一种名为 3-硝基氧丙醇的化合物颇具前景,可以将甲烷排放量减少 30%,问题是必须每天至少给牛喂食一次该化合物,而就目前的情况来看,这在大多数牧场不具备可行性。

尽管如此,我们仍有理由相信,即便没有任何新技术出现,即便不存在明显的绿色溢价,依然可以减少此类排放。事实表明,

第六章 种植和养殖

一头牛所产生的甲烷量在很大程度上取决于它的饲养地。比如,南美洲的牛产生的温室气体量是北美洲的牛的5倍,非洲的牛排放的温室气体更多。北美洲和欧洲养殖的牛大多是改良品种,可以更高效地把饲料转化为奶和肉。另外,它们也会得到更好的医疗护理和更高品质的饲料,这意味着它们产生的甲烷量更少。

如果能够把这些改良的品种和最佳饲养实践推广到世界各地,那么不仅可以减少甲烷的排放,还可以帮助贫困农民提高收入,比如对非洲牛进行杂交改良,以及推广可负担的高质量饲料。在粪便处理方面也是同样的道理,富裕国家或地区的农民已经掌握多种处理粪便的技术,可以大幅减少温室气体排放。随着这些技术的成本越来越低,贫困国家或地区的农民也会引入使用它们,这样一来也就提高了减少排放的可能性。

严格的素食主义者可能会提出另外一种解决方案:与其尝试所有这些减少排放的方式,倒不如完全停止饲养牲畜。我看到过类似的呼吁,但我不认为这是可实现的。首要的一点是,肉类在人类文明中扮演的角色实在太重要了。在世界很多地区,即便是那些食物匮乏的地区,吃肉也是节日和庆祝活动的重要组成部分。在法国,传统美食,包括头盘、肉或鱼、奶酪和甜点,已被正式列入这个国家的人类非物质文化遗产。联合国教科文组织网站名录是这样介绍的:"法国传统美食强调团聚、味蕾的愉悦及人与大自然产品之间的平衡。"[7]

其实，我们可以在减少肉类食用的同时仍享受肉的美味。选项之一是植物基人造肉，即以各种方式加工的、以仿造肉类味道为目的的植物产品。我投资了两家生产植物基人造肉产品的公司——超越肉类公司（Beyond Meat）和不可能食品公司（Impossible Foods），而且其产品已经上市。你可能认为我存有私心，但我还是要说人造肉真的不错，只要原料配比得当，它完全可以作为牛肉糜的替代品。而且，市面上的所有替代品都更利于环境保护，因为它们的生产占用的土地更少，使用的水更少，而且温室气体排放量更少。此外，我们也可以减少在肉类生产方面投入的谷物，进而减轻粮食作物的产能压力，同时减少肥料的使用。就动物福利而言，这同样是一个巨大的福音，因为被圈养的牲畜会更少。

不过，人造肉有很高的绿色溢价。平均而言，牛肉糜替代品的价格比真正的牛肉糜高约86%。[8] 但随着替代品销量的增长，以及投放市场的产品数量的增加，我乐观地认为它们的价格最终会低于真正的动物肉制品的价格。

然而，人造肉的最大问题并不在于价格，而在于味道。虽然用植物仿造汉堡的原材料相对容易，但要让人们真以为自己吃的是牛排或鸡胸肉，那就难多了。人们是否真的喜欢人造肉并愿意为此做出改变？是否有足够多的人愿意为此改变进而产生显著影响？

第六章 种植和养殖

我们已经看到一些人愿意为此改变的证据。我必须承认,对于超越肉类公司和不可能食品公司取得的经营业绩,连我自己都感到非常吃惊,特别是考虑到它们成立初期的种种发展不顺。我参加过不可能食品公司早期举办的一项演示活动,当时汉堡被烤焦,甚至还触发了烟雾报警装置。现在,你会惊讶地发现,这家公司的产品真可谓无处不在,至少在西雅图地区和我访问过的一些城市是如此。超越肉类公司于2019年成功上市。让人造肉真正走进人们的日常生活,可能还需要另外一个10年,但在我看来,随着产品质量的提升和价格的下降,那些担忧气候变化和环境问题的人必将给予支持。

另一个方法类似于植物基人造肉,但并不是种植植物后把它们加工成肉类的味道,而是在实验室内培育肉类。它有一些不太引人注目的名字——"细胞培养肉""培植肉""清洁肉"等。目前,致力于将该产品推向市场的初创公司有20余家。不过,要想在超市货架上买到它们的产品,最快可能也要到21世纪20年代中期了。

记住,它并不是假的肉。无论是脂肪、肌肉还是肌腱,培植肉跟任何两条腿或四条腿的动物的肉是一样的。不同的是,培植肉是在实验室培育的,而不是在农场饲养的。科学家从活体动物身上提取一些细胞,让这些细胞增殖,然后诱导它们形成我们常吃的那种肉的组织。整个培育过程只会产生极少的温室气体,甚至不会产生任何温室气体。当然，驱动实验室运转的电力除外。该方法所面临的挑战是成本过于高昂，而且现在尚不清楚怎样才能把成本降下来。

这两种类型的人造肉都面临另外一个重大难题：在美国，至少有17个州的立法机构试图阻止这类产品在商店出售时被贴上"肉类"的标签，有一个州提议全面禁止销售这类产品。所以，即便技术提高了，即便成本降低了，我们也还是需要一个健康的公共辩论环境，以就这类产品的监管、包装和销售方式展开讨论。

如何减少人类食物生产过程中的温室气体排放量，还有最后一种方法：减少浪费。在欧洲、亚洲的工业化地区及撒哈拉以南非洲地区，有超过20%的食物被直接扔掉任其腐烂，或以其他方式被浪费。在美国，这个数字是40%。对食不果腹的人来说，这不是好事，对经济和气候来说也是如此。废弃的食物在腐烂时会产生大量甲烷，其所造成的温室效应相当于每年排放33亿吨二氧化碳。

最重要的解决方案是改变行为——充分利用现有的资源。除此之外，技术也可以提供帮助。比如，有两家公司正在开发隐形的植物基涂层，用以延长水果和蔬菜的保质期。这些涂层是可食用的，而且丝毫不影响食物的口感。还有一家公司开发了"智能垃圾桶"，利用图像识别技术追踪一个家庭或一家企业的食物浪费情况。它会生成一份报告，显示你扔了多少东西，并附有相应的

第六章 种植和养殖

价格和碳足迹。这个系统听起来可能会让人觉得侵犯了隐私,但它的确可以提供更多信息,帮助人们做出更好的选择。

几年前,在坦桑尼亚达累斯萨拉姆的一处仓库,我看到了一个让人兴奋不已的场景:数千吨合成化肥高高地堆在一起,就像风吹聚成的雪堆一样(见图 6-2[9])。该仓库是新建的雅苒化肥配送中心的组成部分,也是东非地区最大的化肥配送中心。在仓库内,我一边和工人攀谈,一边看他们往袋子里装白色的颗粒物。这些微小的颗粒物含有氮、磷及其他营养元素,并将很快施于这个世界上极度贫困地区的农田,帮助那里的农作物生长。

图 6-2　比尔·盖茨在雅苒化肥配送中心

注:2018 年,在坦桑尼亚达累斯萨拉姆参观雅苒国际集团在当地建设的化肥配送中心。那时,我甚至比照片上看起来还开心。

我喜欢这样的旅程。我知道这么说很蠢,但化肥于我而言非常神奇,这并不仅仅是因为它会让我们的庭院和花园变得更美丽。同诺曼·博洛格培育的半矮秆小麦及其他专家培育的玉米和水稻新品种一样,合成化肥在20世纪六七十年代那场改变世界的农业革命中也扮演了关键角色。据估测,如果我们没有生产出合成化肥,那么世界人口可能比现在少40%~50%。

全球早已经在大量使用化肥,而贫困国家应该使用更多的化肥。我提到的农业革命(通常被称为"绿色革命")在很大程度上绕过了非洲。在非洲地区,一个农民通常从一英亩土地上获得的食物仅相当于美国农民的五分之一(见图6–3[10])。因为在贫困国家,大多数农民得不到购买化肥的信贷服务,而且当地的化肥价格比富裕国家高得多,因为运送化肥到农村地区的道路实在太糟糕了。如果我们可以帮助贫困农民提高农作物收成,那么他们的收入就会增加,以获得更多的食物。这样一来,一些贫穷国家的数百万人口就不用再挨饿,也能获得他们所需要的营养。(我将在第九章进一步讨论该问题。)

为什么化肥如此神奇?因为它为植物提供了其生长所需的基本营养元素,包括磷、钾以及与气候变化高度相关的氮。氮是一种利弊皆有的元素,它与光合作用密切相关,而植物正是通过光合作用将阳光转化成能量的。所以,正是由于氮的存在,植物才能生存下去,而只有植物生存下去了,人类才能获得所需的食物。

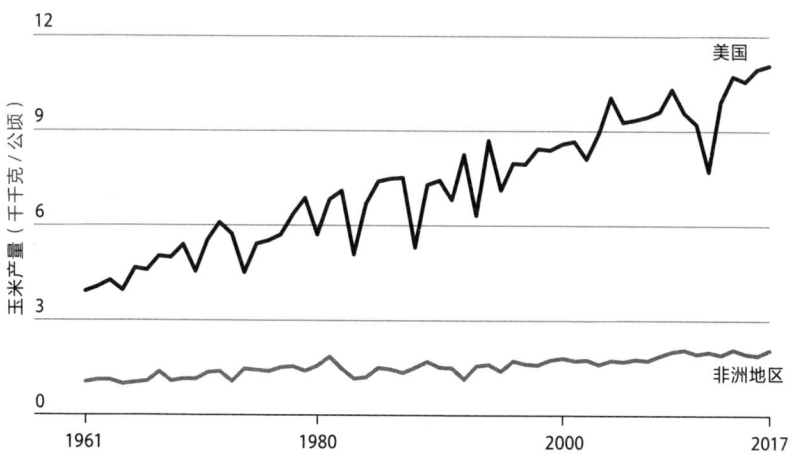

图 6-3　1961—2017 年美国和非洲地区的玉米单位面积产量对比

注：农业领域存在巨大的差距。在化肥和其他改良技术的帮助下，现在美国玉米的单位面积产量比以往任何时候都多，但非洲地区农民的收成与过去相比几乎没有变化。缩小这一差距有助于拯救生命，有助于人们摆脱贫困。但如果没有创新技术，这就会让气候问题变得更加严峻。

资料来源：FAO

但氮也导致气候进一步恶化，要了解其中的原因，我们需要讲一讲它对植物的作用。

种植农作物需要大量的氮，远超在自然环境中所能找到的氮。施加氮肥可以让玉米长到 10 英尺高，并大幅提高玉米产量。奇怪的是，大多数植物自身并不能制造氮。它们从土壤里的氨中获得氮，而这些氮是在各种微生物的作用下形成的。只要能够获得氮，植物就会继续生长，而一旦氮被消耗殆尽，它们就会停止生长。这也是施加氮肥能够促进植物生长的原因。

几千年来，人们通过施用自然肥料（如粪肥和蝙蝠粪）给植物提供额外的氮。重大突破出现在1908年，当时两位德国化学家弗里茨·哈伯（Fritz Haber）和卡尔·博施（Carl Bosch）发明了在工厂中使用氮和氢生成氨的方法。对于他们这一发明的重要性，再怎么夸奖也不为过。现在被广泛称为"哈伯—博施法"的制造工艺使得合成化肥的生产成为可能，这一方面极大地提升了人们种植农作物的数量，另一方面大大扩展了农作物的种植区域。时至今日，这仍是氨的主要生产方法。就像诺曼·博洛格是历史上一位被埋没的伟大英雄一样，哈伯—博施法可能也是这个世界上大多数人从未听过的最重要的发明。[1]

我们来看一个难题：在制造氮的过程中，微生物会消耗大量能量，事实上，由于能量消耗实在过大，所以只有在绝对需要的时候，也就是说周围土壤中已经不存在任何氮了，它们才会开动制造机器。如果觉察到有足够的氮，它们就会停止制造过程，以便将能量用在其他地方。所以，施用合成化肥后，土壤中的微生物会觉察到氮的存在，进而停止自我生产。

合成化肥还有其他一些不利之处：首先，为制造合成化肥必须生产氨，这个过程需要热量，热量来自天然气的燃烧，而燃烧天然气会产生温室气体；其次，在把合成化肥从生产车间运送到存储仓库（比如我在坦桑尼亚参观的化肥配送中心）再到农田的

---

[1] 弗里茨·哈伯有着复杂的经历，除了制造拯救生命的氨，他还率先尝试使用氯和其他有毒气体制造用于"一战"的化学武器。

第六章 种植和养殖

过程中，我们需要用卡车运输，而卡车需要汽油提供动力；最后，施用到土壤中的合成化肥所含的大部分氮根本不会被植物吸收。事实上，在施用到农田的氮肥中，能被农作物吸收的不足一半，剩余部分要么进入地下水或地表水中造成污染，要么以一氧化二氮的形式逃逸到空气中。前文提到过，一氧化二氮造成的温室效应是二氧化碳的265倍。

合计来看，化肥领域于2010年排放的温室气体约为13亿吨。到21世纪中叶，这个数字可能增加到17亿吨。拜哈伯—博施法所赐的，已经被哈伯—博施法收回。

令人遗憾的是，就化肥而言，目前还没有任何实用的"零碳"替代品。的确，我们可以用清洁电力取代氨合成过程中所需的化石燃料，从而消除化肥生产过程中的温室气体排放，但这是一种成本高昂的工艺，会导致化肥价格大幅上涨。比如，在美国，用这种工艺生产氮基化肥尿素会使产品成本增加20%。

这还仅仅是化肥生产过程中的排放，我们没有任何方法捕获施肥时产生的温室气体。对于一氧化二氮，还没有相应的碳捕获技术。这意味着我无法为"零碳"化肥计算出一个准确的绿色溢价，而绿色溢价本身又是一个相当有用的信息，因为它会告诉我们哪些领域需要重大创新。

从技术上讲，我们可以让农作物以更高效的方式吸收氮，前提是农民要掌握相应的技术，在农作物生长季节仔细监测土壤中的氮含量，并据此施用绝对适量的化肥。这是一个成本高昂又耗费时间的过程，况且化肥价格还很便宜（至少在富裕国家是如此），所以更经济的方法就是多施肥——至少满足农作物生长所需的量。

有一些公司已经在开发化肥添加剂，帮助植物吸收更多的氮，从而减少进入地下水或逃匿到大气中的氮。目前，使用这类添加剂的化肥仅占全球总量的2%，因为它们的功效并不是很稳定，而化肥生产商也不想投入太多资金来改进现有产品。

还有一些专家致力于通过其他方式解决氮的问题。比如，有些研究人员正在对农作物新品种进行基因研究，希望通过基因技术让农作物"募集"微生物，提高氮的固定性，从而获得生长所需的氮。此外，还有一家公司已经研发出可用于固定氮的转基因微生物。也就是说，不用再通过化肥添加氮，而是往土壤中添加任何时候都会产生氮的微生物——即便土壤中已经包含氮。如果这些方法奏效，那么它们将大幅降低化肥的需求量，也就间接减少了化肥导致的温室气体排放。

你刚刚读过的这一切，即我描述的广义上的农业，占"农业、林业和其他土地利用"所排放温室气体的70%左右。如果让我用一个词组概括另外30%的排放，这个词组就是"森林砍伐"。

世界银行数据显示，自1990年以来，全球森林面积至少减少

第六章　种植和养殖

了50万平方英里。[11]（这个面积超过了南非或秘鲁的国土面积，相当于全球森林面积减少了3%左右。）森林砍伐既会产生直接而明显的影响（比如，如果林木被烧毁，它们很快就会释放其所含的所有二氧化碳），又会造成难以觉察的损害。当你把一棵树从地里挖出来时，就破坏了土壤的生态环境，而这片土壤恰恰又存有大量的碳。（事实上，土壤中存储的碳的总量超过大气和所有植物中存储的碳的总量。）当你开始移动树木，土壤中的碳就会以二氧化碳的形式逃匿到大气中。

如果各个地方砍伐森林的原因是一样的，那么这种行为就比较容易被制止，但令人遗憾的是情况并非如此。比如巴西，在过去几十年里，亚马孙雨林被破坏的最主要原因是清理场地，建立养牛牧场。（自1990年以来，巴西的森林面积减少了大约10%。）由于食物是全球商品，所以一个国家消费的食物会影响另一个国家的土地利用。随着全球肉类消费越来越多，拉丁美洲地区森林砍伐的步伐也会进一步加快。任何一个地方汉堡的增加都意味着另外一个地方树木的减少。

把所有这些排放量加起来，数字非常可观。世界资源研究所的一项研究发现，如果计入土地利用的变化，美国式饮食标准所产生的二氧化碳排放量相当于美国电力、制造、交通和建筑四部门所用全部能源所产生的排放量总和。[12]

但在世界其他地区，森林砍伐并不是为了生产更多的汉堡和牛排。比如,在非洲,毁林是为种植农作物,也是为获取燃料,以满足当地不断增长的人口的需求。尼日利亚是世界上森林砍伐率最高的国家之一,自1990年以来,其森林面积至少减少了60%。它还是世界上最大的木炭出口国,而木炭是由炭化木生产的。

与之不同,在印度尼西亚,砍伐森林是为了种植棕榈树——棕榈树产的棕榈油应用广泛,从影院的爆米花到日常用的洗发水,当中都有它的影子。印度尼西亚之所以位列世界第四大温室气体排放国,这是主要原因之一。[13]

我希望能告诉你某种突破性发明可以确保全球森林的安全。事实上,真正能起到帮助作用的屈指可数,其中包括先进的卫星监测技术,这可以让我们更容易地找到砍伐森林的地点或发生山火的地点,也更容易评估砍伐森林或发生森林火灾后的损失情况。我还追踪了一些正在研发棕榈油替代品的公司:如果能够通过合成方法生产棕榈油替代品,那么就没有必要再砍伐那么多的森林,为棕榈种植园让路。

但从根本上讲,这不是一个技术问题,而是政治和经济问题。人类砍伐森林并不是因为人们是邪恶的,只有当伐木的动机比保留树木的动机更强烈时,人们才会去砍树。所以,我们需要的是政治和经济上的解决方案,包括在森林保护方面为相关国家提供资金支持,强力执行旨在保护某些特定区域的相关规定,为农村地区创造不同的经济发展机会，等等，这样一来，他们就不用完全靠索取自然资源而生存。

你可能听说过一个与森林相关的气候变化解决方案——植树，让树木捕获大气中的二氧化碳。虽然这听起来是一个非常简单的想法，它可能是我们所能想到的最便宜、技术含量最低的碳捕获措施，而且对所有爱护树木的人来说也极具吸引力，但实际上这是一个非常复杂的课题。在这方面，我们还需要进行更多的研究，至少就目前来看，植树对气候变化的影响似乎被夸大了。

就如同全球气候变暖一样，你必须考虑许多因素……

一棵树在其一生中可以吸收多少二氧化碳？不同的树木情况各异。不过，我们也有一条很好的经验法则：40年吸收4吨。

这棵树会存活多久？如果被烧掉了，那么它存储的所有二氧化碳都会被释放到大气中。

如果你没有种下这棵树，会发生什么？如果有一棵树天生就长在那里，那你对碳吸收没有做出任何贡献。

你会把这棵树种在哪里？总的来说，冰雪覆盖的地区的树木会更多地导致温度上升，因为它们的颜色比树下的冰雪深，而深色物体比浅色物体更能吸收热量。另外，热带森林地区的树木会更多地导致温度下降，因为它们会释放很多水分，而这些水分又会转变成云，反射阳光。在中纬度地区，也就是处于热带和极圈之间的树木，基本上，既不会导致温度上升也不会导致温度下降。

那个地方还长有别的东西吗？ 比如，你把原本种植大豆的农场改造成林地，这样一来，大豆的总产量就减少了，进而导致大豆价格上涨。在这种情况下，人们很可能会砍掉其他地方的树木，然后改种大豆。这至少会抵消你通过植树所取得的一些成果。

将所有这些因素考虑在内，经计算，需要在热带地区种植大约50英亩的树，才能吸收掉一个普通美国人一生所产生的温室气体排放量。按照这个数字乘以美国人口总数，需要种植160亿英亩的树。这约合2 500万平方英里，相当于世界陆地总面积的一半。我们必须将这些树保护好，而且必须一直保护下去。另外，这还只是考虑了美国的人口——世界其他任何一个国家的排放量都没有被计算在内。

不要误会，无论是从园艺还是从环境的角度来讲，树木都有各种各样的好处，我们应该种植更多的树。在大多数情况下，只能在树木生长过的地方种树，这有助于抵消森林砍伐造成的损害。但要想通过种植足够多的树解决化石燃料燃烧所造成的问题，目前来看并不现实。就气候变化而言，与树木相关的最有效的策略

第六章 种植和养殖

就是停止砍伐现有的大量树木。

重要的是,用不了多久,人类就得多生产70%的食物,同时持续不断地降低排放量直至完全消除温室气体的排放。这将需要很多新的创意,包括给植物施肥的新方式、饲养牲畜的新方式和减少食物浪费的新方式。另外,富裕国家的民众也需要改变一些习惯,比如少吃肉——即便是作为家庭传承的汉堡也不例外。

第七章

交通运输

总排放量   **16%**

利用电力驱动我们能驱动的所有交通工具，并以廉价替代燃料为其他交通工具提供动力。

让我们从快速问答开始——只有两个问题。

1. 下列哪一项包含能量最多?

　　A. 1 加仑汽油

　　B. 1 根雷管

　　C. 1 枚手榴弹

2. 在美国,下列哪一项最便宜?

　　A. 1 加仑牛奶

　　B. 1 加仑橙汁

　　C. 1 加仑汽油

正确的答案分别是 A 和 C——都是汽油。汽油包含着惊人的能量,把 130 根雷管捆在一起,才能赶上 1 加仑汽油所含的能量。当然,雷管是立刻释放所有能量,而汽油是缓慢燃烧——这也正是我们给汽车加汽油而不是加雷管的原因。

在美国,汽油非常便宜,尽管你在加油站加油时可能并不这样认为。除了牛奶和橙汁,还有一些物品的价格比汽油贵(以加仑为单位):Dasani 牌瓶装水、酸奶、蜂蜜、洗涤剂、枫糖浆、洗手液、星巴克的拿铁咖啡、红牛牌功能饮料、橄榄油,以及连锁食品超市 Trader Joe's 售卖的著名低价葡萄酒——Charles Shaw 葡萄酒。是的,以加仑为单位,汽油比这款售价仅为 2 美元的葡萄酒还便宜。

在阅读本章剩余的部分时,记住如下两个与汽油相关的事实:汽油能量巨大和汽油价格低廉。[①] 当谈到每花 1 美元可以获得多少能量时,这两个事实会提醒我们:汽油是黄金标准。在日常生活中,除了柴油和喷气燃料等类似产品,没有任何东西能够以如此低的价格提供如此高的能量。

我们在为交通系统寻找"脱碳"方法时,每单位燃料所产生

---

① 当然,对那些依赖汽车的人来说,汽油比我列出的其他产品更为重要。如果你留意自己的支出,就会更容易感受到汽油涨价带来的压力,这比橄榄油等产品涨价更为明显,因为对于后者,你完全可以选择不买。关键的一点是,在我们日常消费的商品中,汽油是相对便宜的。

第七章 交通运输

的能量和每花费 1 美元所产生的能量是两个非常重要的孪生概念。显然你也知道,汽车、船舶和飞机在燃烧燃料时会产生导致全球气候变暖的二氧化碳。为了实现零排放的目标,我们需要用其他能量密度相当且价格同样便宜的产品取代这些燃料。

我在本书如此靠后的位置讲这一问题,你可能会感到惊讶。但要知道,交通运输部门的温室气体排放量仅占全球总排放量的 16%,排在生产和制造、电力以及种植和养殖部门之后。在最初了解这一信息时,我也感到惊讶。对此,我想大多数人跟我的感觉是一样的。如果你在人行道上随机拦下几个陌生人,问他们哪些活动对气候变化的影响最大,他们可能会说燃煤发电、驾驶汽车和乘坐飞机。

这种混淆是可以理解的:交通运输虽然并不是全球最大的排放源,但在美国的确排名第一,而且已经持续了好几年,略高于电力生产部门。美国人经常开车,也经常坐飞机。

总之,若想实现净零排放的目标,就必须消除交通运输导致的所有温室气体排放。这里讲的并不仅仅是美国,而是整个世界。

这有多难?相当难。但也不是不可能做到的。

在人类历史 99.9% 的时间里,出行根本不靠化石燃料。我们步行,骑动物,乘坐帆船。到 19 世纪初,人类发明了用煤炭驱动机车和轮船的方法,自此之后就再也没有回头。在一个世纪的时间里，火车穿越大陆，轮船则横跨大洋，把人和产品运送到世界各地。19世纪末，以汽油为燃料的汽车进入我们的生活，紧接着就是20世纪初兴起的商业航空旅行。如今，它们都已经成为全球经济的重要组成部分。

从化石燃料首次进入交通运输领域到现在，虽然只有短短200年，但我们已经对它们产生了根本上的依赖。如果没有同样廉价且可为长途旅行提供动力的替代品，那么我们永远都不会放弃化石燃料。

还有另外一个挑战：我们需要消除的并不仅仅是今天交通运输领域产生的82亿吨碳，还有更多的碳。经济合作与发展组织（OCED）预测，即便考虑到新冠肺炎疫情对出行和贸易的影响，交通运输领域的碳排放量仍持续增长，这一趋势至少会延续到2050年。[1]在该领域，导致排放量增长的是航空、卡车运输和海运，而不是客车。目前，以海运方式运送的货物占全球贸易总量的90%，在碳排放方面则占全球总排放量的近3%。

交通运输领域的很多排放来自富裕国家，但其中的大多数国家在过去10年里已经达到排放峰值，自那时起，排放量实际上呈下降趋势。当下，与交通运输相关的碳排放的增长基本来自发展中国家，因为它们的人口在不断增长，人们的生活水平在不断提高，购买的汽车数量也越来越多（见图7–1[2]）。中国照旧是一个最好的例子，其交通运输领域的温室气体排放量在过去10年里增加

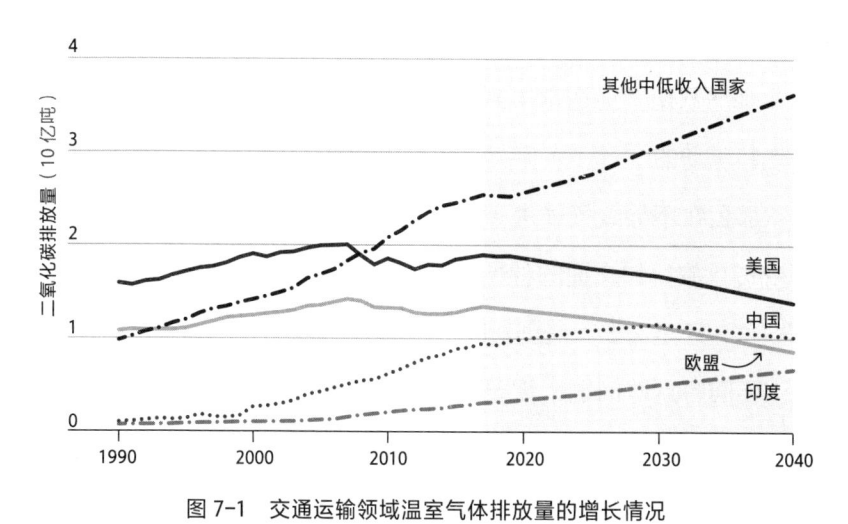

图 7-1　交通运输领域温室气体排放量的增长情况

注：新冠肺炎疫情只是延缓而不是阻止了交通运输领域排放量的增长。尽管很多国家或地区的排放量有所减少，但中低收入国家的排放量大幅增长。整体来看，该领域的温室气体排放量将呈增长趋势。

资料来源：IEA World Energy Outlook 2020; Rhodium Group

了 1 倍，而与 1990 年相比，增幅更是达到 10 倍之多。

冒着被抱怨唠叨的风险，我在这里讲一下我对交通运输领域的看法——这个看法跟我对电力、制造及农业领域的看法是一样的：对于越来越多的人员流动和货物流通，我们应该感到高兴。往返于农村与城市之间是一种个人自由，更不用说贫困国家的农民为了谋生把收获的农作物拿到市场上交易了。国际航班把整个世界联系到一起，而这在一个世纪前还是难以想象的；与不同国家的人交流有助于我们理解共同的目标。在现代交通出现之前，一年之中的大多数时间里，我们的食物选择都是有限的。以我个人为例，我喜欢吃葡萄，一年四季都喜欢吃。我能够吃上，完全是靠那些从南美运送水果到美国的集装箱船，而这些船又是靠化石燃料驱动的。

那么在不导致气候进一步恶化的条件下，我们怎样才能继续享受现代旅行和交通的种种便利呢？我们是否拥有我们所需的全部技术，还是需要一些创新呢？

要回答这些问题，需要计算交通运输的绿色溢价。首先，让我们深入了解一下交通运输领域的温室气体排放来自哪里。

图 7–2 展示了汽车、卡车、飞机和船舶等交通运输工具的温

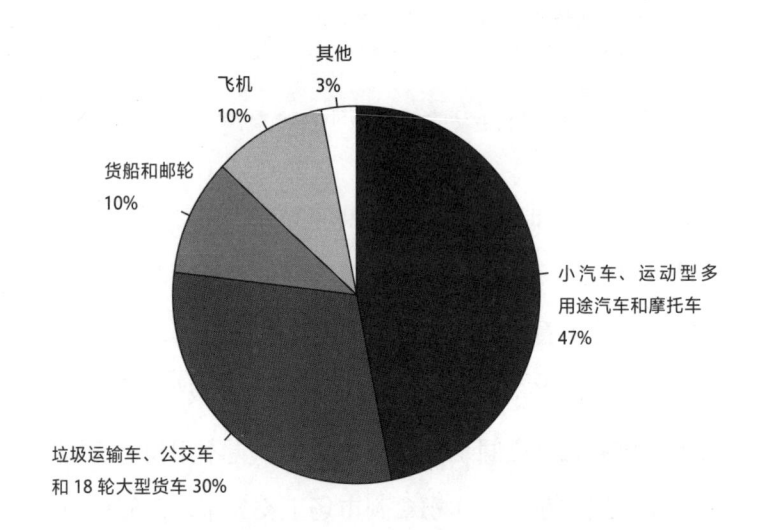

图 7-2　多种交通运输工具的温室气体排放量占比情况

注：汽车并不是唯一的重要排放源。在与交通相关的排放中，乘用车排放量占比接近 50%。

资料来源：International Councilon Clean Transportation

室气体排放量所占百分比情况。³ 我们的目标是让这些交通工具都实现净零排放。

需要注意的是,乘用车(小汽车、运动型多用途汽车和摩托车等)的排放量占比近 50%,从垃圾运输车到 18 轮大型货车在内的中型和重型车占 30%,飞机占 10%,集装箱船和其他类型的船占 10%,火车占剩余的 3%。①

我们来逐一分析,看看当前都有哪些可以消除排放的选项。先从图 7–2 中占比最大的一块说起。

乘用车。全世界行驶在路上的汽车约有 10 亿辆。⁴ 仅 2018 年一年就新增了大约 2 400 万辆,而这还是扣除了报废车辆之后的数字。⁵ 因为燃烧汽油会不可避免地排放温室气体,所以我们需要一种替代品:要么是由空气中的碳而不是化石燃料中的碳制成的燃料,要么是另外一种形式的能源。

我们先从第二个选项说起。幸运的是,我们的确拥有另外一种形式的能源,而且已经证实它是有效的——当然还远谈不上完美。事实上,可能现在就能在你附近的汽车经销店里买到使用这种能源的汽车。

今天,许多汽车品牌提供纯电动汽车:奥迪、宝马、雪佛兰、

---

① 提醒一下,我只是计算了不同交通工具燃烧燃料所产生的温室气体排放量。制造这些交通工具时产生的排放被归入了生产和制造领域,比如钢和塑料的生产工厂的运营,相关内容参见第五章。

雪铁龙、菲亚特、福特、本田、现代、捷豹、起亚、梅赛德斯－奔驰、日产、标致、保时捷、雷诺、斯玛特、特斯拉、大众，以及其他不计其数的汽车制造商，其中也包括中国和印度的汽车公司。我自己也有一辆电动车，而且很喜欢它。

尽管过去电动车比燃油车贵很多，而且现在仍有一些偏贵的电动车车型，但它们在价格上的差距近年来已经大幅缩小。在很大程度上，这是因为电池成本大幅降低——2010年以来下降了87%，以及政府为推动零排放汽车发展而出台多项税收减免政策和由此发起的承诺等。但电动车仍保持着适度的绿色溢价。

我们以雪佛兰公司生产的两款车型为例：燃油车迈锐宝和纯电动车博尔特 EV（见图 7–3）。[6]

迈锐宝，售价 22 095 美元起

每加仑英里数（MPG）：
29（城市公路）/36（高速公路）
车厢容积：15.7 立方英尺①
发动机动力：250

博尔特 EV，售价 36 620 美元起

续驶里程：250 英里
车厢容积：56.6 立方英尺
发动机动力：200

图 7–3　汽油驱动的迈锐宝和纯电动的博尔特 EV

资料来源：Chevrolet

---

① 1 立方英尺约为 0.03 立方米。——编者注

第七章 交通运输

从发动机动力和乘坐空间（人数）等方面看，这两款车大致相当。虽然博尔特 EV 的售价（未计入任何可能使其价格下降的税收激励因素）高 14 000 多美元，但不能仅用汽车的购买价计算绿色溢价。重要的不是购车成本，而是购车和养车的总成本。你必须考虑实际情况，比如电动车所需保养较少，电动车是用电而不是用汽油来驱动的，等等。另外，由于电动车售价更高，所以需要支付更多的汽车保险费用。

在充分考虑所有不同因素后，我们再来看拥有车辆的总成本：博尔特 EV 每英里的行驶成本比迈锐宝多 10 美分。[7]

每英里 10 美分意味着什么？如果每年行驶 1.2 万英里，那么就会产生 1 200 美元的年度绿色溢价，这尽管不是一个可以忽略不计的金额，但对很多汽车购买者来说是完全可以接受的。

这是美国国内的平均水平。不同的国家有着不同的绿色溢价，主要因素在于电价和油价之间的差距。（电价低或油价高会降低绿色溢价。）在欧洲一些地区，由于油价过于高昂，电动车的绿色溢价早已经降到 0。即便在美国，随着电池价格的持续下降，我预计到 2030 年，大多数电动车的绿色溢价也会降为 0。

这是一个非常好的消息。我们应该让更多的电动车上路，因为它们的价格会越来越低。（在本章结尾部分，我会进一步讲述这方面的内容。）但即便到 2030 年，电动车跟燃油车相比还是会有一些弊端。

首先，汽油价格变化很大，而只有在油价高于一定水平时，电动车才是更便宜的选择。2020年5月，美国国内汽油平均价格一度降到了每加仑1.77美元。在油价低的时候，电动车难以与燃油车竞争——电池的价格过于高昂。就目前的电池价格来看，只有在油价超过每加仑3美元时，电动车车主才会省钱。

其次，电动车充满电通常需要一个小时甚至更长时间，而给燃油车加满油所需时间不会超过5分钟。

再次，就避免碳排放而言，只有当我们使用来自"零碳"能源的电力时，开电动车才有意义。我在第四章中提到的那些突破之所以如此重要，原因就在于此。如果电力仍来自燃煤电厂，那么用它给电动车充电，无非就是用一种化石燃料替换另一种化石燃料而已。

最后，要让所有的燃油车不再上路也是需要时间的。平均而言，一辆车从装配线正式下线到最终走进汽车报废厂需要至少13年的时间。这样一个漫长的生命周期意味着，如果想在2050年以前让美国所有的乘用车都以电力驱动，那么在接下来的15年里，电动车销量占比需要接近汽车总销量的100%。今天，这个数字还不到2%。

正如前文提到的，第一种实现零排放的方法是转向由大气中的碳制成的替代性液体燃料。燃烧这些燃料时，不会给空气增加额外的碳——只是把先前制造燃料时所用的碳归还了而已。

第七章 交通运输

看到"替代燃料"这个词时，你可能会想到乙醇——由玉米、甘蔗或甜菜制成的生物燃料。如果你在美国，那么你可能已经使用过这种生物燃料，因为在美国国内销售的汽油大多含有10%的乙醇，而这些乙醇几乎全是由玉米制造的。在巴西，有些车100%使用由甘蔗制造的乙醇。目前，一点儿也不使用乙醇燃料的国家屈指可数。

问题在于：由玉米制造的乙醇并不是"零碳"的，而依照制造工艺的不同，它甚至都不是低碳的。农作物的种植需要化肥。把植物转变成燃料的炼制过程也会产生温室气体排放。燃料类作物的种植可能会抢占原本用来种植粮食的土地，甚至可能迫使农民砍伐森林，垦荒种粮。

然而，替代燃料并不是一项注定失败的事业。我们现在已经开发了先进的第二代生物燃料，这类燃料不会面临常规生物燃料所面临的问题，因为它们所用的原材料并不是粮食作物——除非你特别喜欢柳枝稷色拉。另外，它们还可以用农作物残留物（比如玉米秆）、造纸的副产品，乃至厨余垃圾和庭院垃圾生产。因为原材料不是粮食作物，所以它们不需要施肥或者只需要施用很少的化肥。另外，它们不是种在农田里的，因而也就不会挤占用以生产粮食或动物饲料的土地。

有些先进的生物燃料将成为专家所称的"可直接使用燃料"，也就是说，无须改进常规发动机就可以直接使用这些燃料。另外一个好处是这些燃料可以通过油轮、管道及其他基础设施运输，而在这些基础设施领域，我们早已投入了数十亿美元的建造和维护费用。

尽管我对生物燃料持乐观态度，但这的确是一个困难重重的领域。我自己就有亲身经历，深知在这方面实现技术突破异常艰难。几年前，我了解到一家美国公司开发了一项专有制造工艺，可以将树木等生物质转化为燃料。于是，我去参观了这家公司的工厂，在那里的所见所闻给我留下了深刻印象。在一番尽职调查之后，我向这家公司投了5 000万美元，但这项制造工艺并没有发挥应有的作用——各种技术挑战意味着工厂无法以经济合算的方式大规模投入生产，最终只得关门。虽然5 000万美元的投资打了水漂儿，但我不后悔这样做，因为我们需要探索各种不同的方式，尽管我们知道其中有很多想法会以失败告终。

令人遗憾的是，在先进生物燃料领域，现在依然存在研发资金不足的情况，而且这些燃料无法得到大规模配置，因而也就无法帮助我们实现交通系统"脱碳"的目的。如此一来，使用它们替代汽油将是一个非常昂贵的选择（见表7–1[8]）。对于这些先进生物燃料及其他清洁燃料的确切成本，专家有不同的意见，但这方面有一个估算范围，我在这里使用的是多项研究结果的平均值。

生物燃料从植物中获取能量，但这并不是制造替代燃料的唯一方法。我们还可以利用"零碳"电力将水中的氢和二氧化碳中的碳结合，进而合成碳氢燃料。因为在这个过程中会用到电力，所以这些燃料有时也被称作"电燃料"。电燃料有许多优势：它们是可直接使用燃料，而且由于制造原料是从空气中捕获的二氧化碳，所以燃烧时不会增加总排放量。

表 7-1 使用先进生物燃料替代汽油的绿色溢价

燃料类型	零售价 （美元/加仑）	"零碳"选项 （美元/加仑）	绿色溢价
汽油	2.43	5.00（先进生物燃料）	106%

不过，电燃料也有一个弊端：价格高昂。你需要用氢来制造电燃料，而正如第四章所讲的，以"零碳"方式制造氢的成本非常高。你还需要使用清洁电力来制造电燃料（否则就没有意义了），而从目前的情况看，我们的电网中还没有足够便宜的清洁电力可供经济合算地生产燃料。这些都会拉升电燃料的绿色溢价（见表 7-2[9]）。

表 7-2 使用"零碳"替代燃料替代汽油的绿色溢价

燃料类型	零售价 （美元/加仑）	"零碳"选项 （美元/加仑）	绿色溢价
汽油	2.43	5.00（先进生物燃料）	106%
汽油	2.43	8.20（电燃料）	237%

这对普通家庭来说意味着什么？一个美国家庭通常每年在汽

油上的支出约为 2 000 美元。[10] 所以，如果价格上涨 1 倍，那么就会多付 2 000 美元的溢价；如果价格上涨 2 倍，那么美国公路上行驶的每辆常规乘用车都要多付 4 000 美元。

垃圾运输车、公交车和 18 轮大型货车。 令人遗憾的是，对长途客车和卡车来说，电池是一个不太切合实际的选项。车体越重，续驶里程越短，用电力作为动力源的难度就越大。因为电池很重，存储能量又有限，而且一次只能向发动机输送一定量的能量。（相比于轻型掀背车，重型卡车需要更大功率的发动机，也就是说，需要更多电池。）

垃圾运输车和市内公交车等中型车较轻，电力驱动对它们来说是一个可行的选项。它们的行驶路线较短，而且每天晚上都会停在相同的地方，所以建立充电站也就比较容易。在中国，拥有 1 200 万人口的深圳市已经实现公交车的全面电气化[11]（超过 1.6 万辆纯电动公交车，见图 7–4[12]）以及近三分之二的出租车的电气化。随着中国电动公交车销量的不断增加，我认为在未来 10 年内，中国国内公交车的绿色溢价将降为 0，而这也意味着世界上大多数城市都能够实现公交车的电气化。

但如果你想增加续驶里程、提高运载能力，比如你要驾驶一辆满载货物的 18 轮大型货车横穿全国，而不是驾驶一辆满载学生的校车沿着街区环行，那么你就要装载更多的电池。然而，增加电池就是增加车身的重量，而且是增加很多。

第七章 交通运输

图 7-4 中国深圳的纯电动公交车队

同等重量下，目前最好的锂离子电池存储的能量是汽油的 1/36。换句话说，要获得 1 加仑汽油的能量，需要相当于 36 加仑汽油重的电池。

我们来看看这在现实生活中意味着什么。卡内基–梅隆大学的两位机械工程师于 2017 年开展的一项研究显示：续驶里程为 600 英里的电动载重卡车需要大量的电池，而受这些电池重量的影响，卡车的载重量将减少 25%；续驶里程为 900 英里的电动卡车根本不可能存在，因为它需要更多的电池，而计入这些电池的重量后，它基本上就不能载货了。[13]

要知道，一辆典型的以柴油为燃料的卡车加一次油可以行驶

1 000英里以上。所以,要实现美国卡车车队的电气化,货运公司将不得不转向使用载重更少的车辆,更频繁地停车充电,并且要花上几个小时给车充电,而在高速公路上,有时候可能很长时间都遇不到一个充电站。当然,这些问题在短期内都不会发生。就短程行驶来看,电动车是一个非常不错的选择,但对重型长途卡车来说,使用电力并不是切实可行的方案。

由于我们无法实现的目前仅有的两种电气化解决方案是使用电燃料和先进生物燃料,令人遗憾的是,若应用于载重卡车,它们的绿色溢价都很高(见表7–3[14])。

表 7-3 使用"零碳"替代燃料替代柴油的绿色溢价

燃料类型	零售价 (美元/加仑)	"零碳"选项 (美元/加仑)	绿色溢价
柴油	2.71	5.50(先进生物燃料)	103%
柴油	2.71	9.05(电燃料)	234%

船舶和飞机。不久前,我和我的朋友沃伦·巴菲特谈起了飞机"脱碳"的可能性问题。沃伦问:"为什么我们不能用电池为大型喷气式客机提供动力?"他早就知道,飞机在起飞时所载燃料重量占其总重量的20%~40%。所以,当我告诉他那个惊人的事实,也就是你需要36倍于航空燃油重量的电池才能获得相同的能量时,他马上就明白了。需要的动力越多,飞机就越重,到最后它可能会重到根本无法起飞。沃伦笑着点了点头,只说了一

个"啊"。

当你尝试为集装箱船或喷气式客机等超级重的交通工具提供动力时,前文提到的那条经验法则就会成为定律:车体越重,续驶里程越短,用电力作为动力源的难度就越大。除非实现一些不太可能的突破,否则电池永远都不会轻到且强大到可以为飞机和船舶提供长距离动力源的程度。

我们来看看当前最先进的水平。市场上最好的纯电动飞机可以搭载两名乘客,最高时速为 210 英里,充一次电可以连续飞行 3 小时。① 相比之下,中等载客量的波音 787 客机可以搭载 296 名乘客,最高时速为 650 英里,加一次油可以连续飞行近 20 个小时。[15] 换句话说,以化石燃料为动力源的客机的飞行速度比当前市场上最好的纯电动飞机快 3 倍以上,飞行时长为纯电动飞机的 6 倍以上,搭载乘客数量更是达到后者的近 150 倍。

尽管电池的性能越来越好,但这一差距依然难以逾越。幸运的话,电池的能量密度可能会较现在提高 2 倍,但即便如此,那也只是汽油或航空燃油能量密度的 1/12。对我们来说,最好的办法是用电燃料和先进生物燃料替代航空燃油,但这涉及极高的绿色溢价(见表 7–4[16])。

货船也是如此。相比于两艘目前投入使用的电动船,目前最

---

① 空速通常以节为计量单位,但大多数人(包括我在内)并不知道一节是多快。总之,你只要知道节跟英里/小时大致相当就可以了。

好的常规集装箱船的货物运量比它们中的任何一艘都多 200 倍，而续驶里程更是它们的 400 倍以上。[17] 对需要穿越整个大洋的船来说，这些都是重要优势。

表 7-4 使用"零碳"替代燃料替代航空燃油的绿色溢价

燃料类型	零售价 （美元/加仑）	"零碳"选项 （美元/加仑）	绿色溢价
航空燃油	2.22	5.35（先进生物燃料）	141%
航空燃油	2.22	8.80（电燃料）	296%

考虑到集装箱船在全球经济中的重要性，除了液体燃料，我认为其他任何能源都不具有经济上的可行性。转向替代燃料的确会给我们带来很多好处，因为仅是海运的温室气体排放量就占了全球总排放量的 3%，使用清洁燃料会显著减少排放。遗憾的是，集装箱船使用的燃料（即船用燃料）非常便宜，因为它是用炼油过程中的残渣制成的。由于当前的船用燃料价格极低，所以船舶的绿色溢价非常高（见表 7–5[18]）。

表 7-5 使用"零碳"替代燃料替代船用燃料的绿色溢价

燃料类型	零售价 （美元/加仑）	"零碳"选项 （美元/加仑）	绿色溢价
船用燃料	1.29	5.50（先进生物燃料）	326%
船用燃料	1.29	9.05（电燃料）	601%

概括来看，表 7–6[19] 是本章中的所有绿色溢价。

表 7-6 使用"零碳"替代燃料替代当前燃料的绿色溢价

燃料类型	零售价（美元/加仑）	"零碳"选项（美元/加仑）	绿色溢价
汽油	2.43	5.00（先进生物燃料）	106%
汽油	2.43	8.20（电燃料）	237%
柴油	2.71	5.50（先进生物燃料）	103%
柴油	2.71	9.05（电燃料）	234%
航空燃油	2.22	5.35（先进生物燃料）	141%
航空燃油	2.22	8.80（电燃料）	296%
船用燃料	1.29	5.50（先进生物燃料）	326%
船用燃料	1.29	9.05（电燃料）	601%

是不是大多数人都愿意接受这类价格上涨，目前还不清楚。但你要知道，美国上一次提高联邦汽油税是在 1993 年，在那之后的 20 多年里一直没有变化。我不认为美国人会乐意为汽油多付费。

目前有 4 种方法可以减少交通运输领域的温室气体排放。

一是减少交通活动，比如少开车、减少飞行次数和减少海运。我们应该鼓励更多的出行替代模式，比如步行、骑行和拼车。有些城市正通过"智慧城市计划"推动低碳出行，这种做法很棒。

二是在汽车生产过程中少用碳密集型材料——尽管这不会影响本章中讲的基于燃料的排放。正如第五章中提到的，由钢和塑料等材料制成的汽车在生产过程中不可避免地排放温室气体的。因而，这类材料在汽车中使用得越少，碳足迹就越少。

三是更高效地使用燃料。这个议题得到了立法者和媒体的广泛关注，至少在乘用车和卡车上是如此。大多数世界主要经济体都制定了有关这类车的燃油效率标准。在推动汽车公司加大工程研发投入和制造高能效发动机方面，这些标准发挥了重要作用。

但只有这些标准还远远不够。比如，在国际海运和航空领域，我们也有一些关于排放的建议标准，但它们几乎没有强制执行效力。试想哪个国家的管辖权可以覆盖大西洋上一艘集装箱船的碳排放量呢？

另外，虽然生产和使用更高效的交通工具是朝着正确方向迈出的重要一步，但仅靠这些仍无法实现零排放的目标。因为尽管你烧的汽油少了，但总归是在烧汽油。

这就引出了第四个减少此类排放的方法，而这也是最有效的一个方法：转向电动车和替代燃料。正如本章中所论述的，这两个选项目前都存在一定程度的绿色溢价。让我们来看看哪些方法可以降低绿色溢价。

第七章 交通运输

如何降低绿色溢价

乘用车的绿色溢价正一路走低,最终必然降为 0。诚然,随着高燃油效率的汽车和电动车逐步取代常规汽车,汽油税收入将下降,进而减少用于道路建设和维护的资金。就美国而言,各州可以在电动车车主更新车辆牌照时向其收取一笔额外费用,以弥补损失的汽油税收入——在我撰写本章时已经有 19 个州在这样做了。当然,这也意味着在拥车成本方面,电动车要多花一两年的时间才会变得跟燃油车一样便宜。

电动车还面临另外一个挑战:美国人对大排量、高油耗皮卡车的热爱。2019 年,美国人购买了超过 500 万辆小汽车以及 1 200 万辆皮卡车和运动型多用途汽车,而在这当中,电动车占比仅为 2%。[20]

要扭转这种局面,我们需要一些具有创新意义的政府政策。比如,出台激励人们购买电动车的政策,还要创建充电站网络、提升电动车的实用性等。国家层面的承诺有助于增加电动车的供应并降低电动车的成本,中国、印度及欧洲的多个国家都公布了未来几十年淘汰燃油车(主要是乘用车)的目标。美国加利福尼亚州已经承诺从 2029 年起只购置电动公交车,到 2035 年则全面禁止燃油小汽车的销售。

接下来要做的就是让我们希望拥有的那些电动车跑起来,而这需要大量的清洁电力。我在第四章中讲述大力部署可再生能源、致力于实现电力生产及存储技术突破的重要性，原因之一就在于此。

我们还应该探索核动力集装箱船。尽管这方面存在非常现实的风险（如果船沉了，必须确保核燃料不会泄漏），但很多技术挑战都已经被突破，毕竟核动力潜艇和核动力航空母舰服役已久。

最后，我们需要付出巨大的努力，探索各种制造先进生物燃料和廉价电燃料的方法。行业公司和研究人员已经在尝试不同的开发路径，比如利用电力或太阳能制氢，或利用微生物制氢，因为有些微生物本身就能产生氢。我们探索得越多，实现技术突破的机会就越大。

对于如此复杂的问题，很难用简单的一句话概括，但在交通运输领域，"零碳"的未来基本是这样的：利用电力驱动我们能驱动的所有交通工具，并以廉价替代燃料为其他交通工具提供动力。

第一个类别包括乘用车和轻型货车、轻型和中型卡车以及公交车；第二个类别包括长途货运卡车、火车、飞机和集装箱船。至于成本，电动乘用车的拥车成本很快就会降到比燃油车更低的水平，这是好消息；替代燃料依然很贵，这不是好消息，我们需

第七章 交通运输

要通过创新手段压低它们的价格。

本章讲述的是我们的出行和货物的运输方式,接下来将讨论我们身处的地方(家、办公室和学校)以及在全球气候变暖的情况下怎样才能保证这些地方的宜居性。

第八章

制冷和取暖

总排放量   7%

实现电气化、发展清洁燃料和更高效利用能源的解决方案。

我从未想到自己会关注每年导致40万人死亡（其中大多数是儿童）的疾病——疟疾。盖茨基金会一直以来不遗余力地推进根除疟疾的行动。不久之前，我惊讶地发现，实际上疟疾也帮助催生了一个不错的"副产品"：空调系统。

几千年来，人类一直在同高温做斗争。古波斯的建筑物装有通风设施，又称"捕风塔"，以帮助保持空气流通和室内凉爽。[1]但已知最早的产生冷风的机器出现在19世纪40年代，发明者是美国佛罗里达州的医生约翰·戈里（John Gorrie）。[2]戈里认为，凉爽宜人的温度有助于疟疾患者的身体康复。

那时候，人们普遍认为疟疾是由瘴气引起的（所以又称瘴气病），现在我们已经知道它是由寄生虫引起的。戈里发明了一台机械装置，让空气流过悬挂在天花板上的巨型冰块，从而达到为病房降温的目的。但这台机器的用冰量很大，而冰又是从北方各州运来的，所以成本高昂。为此，戈里自己设计了一款制冰机，并成功申请了专利。之后，他离开医疗行业，全力推销这项发明。令人遗憾的是，他的商业计划无果而终。在经历了一系列不幸之后，戈里于1855年在穷困潦倒中去世。

但他的想法就此生了根。空调领域的第二次突破性进展出现在1902年，当时一位名叫威利斯·卡里尔（Willis Carrier）的工程师被公司派往纽约的一家印刷厂，帮助解决杂志印刷过程中纸张起皱的问题。卡里尔发现纸张起皱是因为当地环境湿度过大，随后他设计了一款能够在降低室内湿度的同时降低温度的机器。令他没有想到的是，空调产业就此拉开了序幕。

从私人住宅首次安装空调设备算起，到现在也不过100多年。[3] 如今，90%的美国家庭都安装了某种类型的空调。如果你曾经在圆顶体育场看过比赛或听过音乐会，那么你应该感谢空调。如果没有空调，很难想象佛罗里达州和亚利桑那州这样的地方会成为时下退休人士的向往之地。

空调不再仅仅是一种可以让人们舒适地度过炎炎夏日的奢侈品，现代经济也依赖它。举一个简单的例子，由数千台计算机组成的服务器场（正是由于它们的存在，今天的计算机技术进步才成为可能，比如存储音乐和照片的云服务技术）会产生巨大的热

第八章 制冷和取暖

量,如果不能保持凉爽的温度,服务器是会熔化的。

如果你生活在典型的美国家庭中,那么你会发现空调是用电最多的家用电器——超过照明设备、冰箱和计算机的用电总和。[①] 尽管第四章中讲过电力部门的温室气体排放,但我在这里还是要再提一下,因为无论是现在还是未来,空间冷却系统都是非常关键的排放源。另外,虽然空调设备用电最多,但在美国的家庭和企业中,它并不是耗费能源最多的,耗费能源最多的是暖炉和热水器。(在欧洲及世界其他很多地区也是如此。)我会在下一节阐述暖风和热水系统的问题。

美国并不是唯一喜欢及需要冷气的国家。尽管全世界在用的空调设备有16亿台之多,但它们的分布并不均匀。[4] 在美国等富裕国家,90%以上的家庭都装有空调设备,而在世界上最炎热的国家中,这个比例还不到10%(见图8–1[5])。

这意味着随着世界人口数量的持续增长、民众生活水平的不断提高,以及越来越频繁出现的、形势日趋严峻的高温天气,我们这个世界将需要更多的空调设备。2007—2017年,中国国内增加了3.5亿台空调。如今,中国是世界上最大的空调市场。全球范围内,空调销量仅2018年一年就增加了15%[6],其中相当一部

---

① 电力占了全世界空间冷却系统所用能源的99%。在剩余的1%中,天然气占大头,主要用于驱动制冷设备。基于天然气的空调系统适用于独栋住宅,但占有的市场份额极小,以至于美国能源信息管理局都不采集这方面的数据。

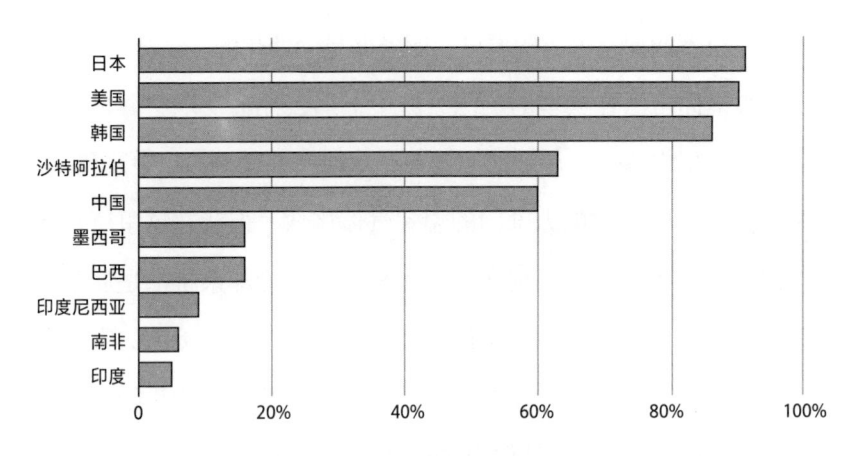

图 8-1 各国拥有空调的家庭占比

注：在用空调数量正在逐渐增多。在有些国家，大多数家庭都已经安装了空调，但在其他一些国家远未普及。未来几十年，图上下半部分的国家会变得越来越热，也会越来越富裕，这意味着它们将购买更多的空调，也会更多地使用空调。

资料来源：IEA

分增长来自温度上升得尤为明显的 4 个国家：巴西、印度、印度尼西亚和墨西哥。到 2050 年，全球在用空调数量将超过 50 亿台。

讽刺的是，为了在一个不断温室化的世界中生存，我们要做的这件事情（使用空调）可能会导致气候进一步恶化。因为空调是靠电力运行的，所以我们安装的空调越多，其运行所需要的电力就越多。事实上，国际能源署预计，到 2050 年，全球制冷的电力需求将增加两倍。届时，全世界空调的用电量将相当于中国和印度现在的用电量总和。

在用空调数量增加对遭受热浪侵袭的人们来说是好事，但对气候来说是坏事，因为在世界大多数地区，电力生产仍属于碳密

第八章 制冷和取暖

集型。建筑物用电量（空调、照明设备和计算机用电等）产生的温室气体约占全球总排放量的14%，其原因就在这里。

由于空调对电力的依赖程度如此之高，所以计算制冷的绿色溢价比较容易。要想给空调"脱碳"，就得给电网"脱碳"。我在第四章中讲过一些电力生产和存储方面的技术突破，而这就是我们需要这类突破的另一个原因。否则，排放量将持续增加，我们将陷入一个恶性循环，即我们的家中和办公室里越凉爽，气候就越炎热。

幸运的是，我们不用等待那些突破，现在就可以采取行动，减少空调的用电量，进而减少制冷导致的排放。这也不存在技术壁垒。但是，大多数人不会购买最具节能优势的空调。根据国际能源署的数据，目前市场上在售空调的平均能效仅为在售的高能效空调的一半，只有最佳机型能效的三分之一。

之所以出现这种情况，最主要的原因是消费者在挑选空调时无法获得他们所需的信息。比如，一台低能效空调的售价可能会低一些，但长期使用成本很高，因为它耗电更多。然而，如果产品能效标识不清，那么在选购的时候就无从知晓这些信息。（对于此类标识，美国有强制性要求，但并非全球所有国家都是如此。[7]）另外，很多国家也没有为空调设立最低能效标准。国际能源署发现，只要出台政策解决这些问题，全世界空调设备的平均能效就可以增加一倍，而到21世纪中叶，制冷领域的能源需求增长则将减少 45%。

不幸的是，空调对电力的需求并不是它成为问题的唯一原因。空调还含有制冷剂（制冷剂因为含有氟，所以又称氟化气体），而随着设备的老化和分解，这些物质就会一点点地泄漏。如果你更换过汽车空调中的冷却剂，那么你一定会注意到这种情况。氟化气体是导致气候变化的重要因素：在一个世纪的进程中，它们造成的温室效应是等量二氧化碳的数千倍。如果你没怎么听说过氟化气体，那也正常，因为它们在温室气体中所占的比例并不大。在美国，氟化气体占温室气体总排放量的 3% 左右。

但氟化气体并未因此而被忽视。2016 年，来自 197 个国家和地区的代表承诺，到 2045 年将某些特定氟化气体的生产和使用至少减少 80%。他们之所以能做出这一承诺，是因为许多行业公司都在开发新的空调技术，可以用危害性更低的冷却剂取代氟化气体。目前，这些方法尚处于开发初期，给它们标价还为时过早，但它们无疑是创新的典范，而只有通过这些创新，我们才能在不导致气候变暖的情况下享受室内冷气。

在一本关于全球气候变暖的书中，讨论如何保暖似乎有些奇怪：外面已经很热了，为什么还要打开恒温器呢？首要一点：当我们谈论热量的时候，我们并不仅仅谈论气温的上升，还谈论水的加热——无论是淋浴、洗碗还是工业流程，都会用到热水。最

第八章 制冷和取暖

重要的是,冬天不会消失。即便全球温度整体上升了,这个世界上还是有很多地方会结冰、会下雪。而对任何依赖可再生能源的人来说,冬天都是特别艰难的日子。比如,在德国,可利用的太阳能最多可能降到原来的十分之一,还会出现没有风的日子。但人们依然需要电,没有电就会冻死在自己家中。

暖炉和热水器两项相加,占建筑物温室气体总排放量的三分之一。不同于照明设备和空调设施,暖炉和热水器大都依赖化石燃料而不是电力。(至于是用天然气、取暖油还是丙烷,很大程度上取决于居住地。)这意味着仅仅给电网"脱碳",还无法实现热水和取暖的无碳排放。我们需要从石油和天然气之外的能源上获得热能。

供暖的"零碳"路径实际上和乘用车的路径颇为相似:第一,尽可能地实现电气化,淘汰燃气热水器和暖炉;第二,发展清洁燃料,解决热水器和暖炉以外的其他所有热源问题。

好消息是,在电气化方面实际上是可以实现负绿色溢价的。与售价普遍高于同规格燃油车的电动车不同,纯电动取暖和制冷设备可以为你省钱——它们既适用于新建建筑物又适合翻新后的老旧建筑物。在大多数地方,如果你放弃使用电动空调和天然气暖炉(或燃油暖炉),然后代之以电动热泵,那么整体成本将会降低。

对于热泵这个概念,你乍一听可能会觉得很怪。虽然我们可以抽水或抽气,但到底怎样才能抽热量呢?

热泵实际上利用的是这样一个事实,即气体和液体在遇到温度变化时会膨胀和收缩。热泵的工作原理是:让冷却剂通过闭环管道,利用压缩机和特殊阀门改变沿途压力,使得冷却剂在某一区域吸收热量,在另一区域释放热量。冬天,把热量从室外引入家中(除了气候极端寒冷的地方,任何地方都可能实现);夏天,反其道而行之,把家中的热量排到室外。

这听起来有些神秘,实则不然。你的家中早就有了热泵,而且现在可能正在运行,它就是冰箱。正是冰箱底部散发的暖空气,把冰箱内食物的热度带走了,从而使它们处于低温状态。

一台热泵可以为你省多少钱?这取决于你所在的城市,因为要看当地的寒冷程度、电力和天然气价格以及其他相关因素。以美国多个城市的新建建筑物为例,我们来看看热泵安装并运行15年的成本(见表8–1[8])。

表 8-1 美国部分城市安装空气源热泵的绿色溢价

城市	天然气暖炉和电动空调的成本(美元)	空气源热泵的成本(美元)	绿色溢价
普罗维登斯(罗得岛州)	12 667	9 912	−22%
芝加哥(伊利诺伊州)	12 583	10 527	−16%
休斯敦(得克萨斯州)	11 075	8 074	−27%
奥克兰(加利福尼亚州)	10 660	8 240	−23%

第八章 制冷和取暖

如果是翻修老旧建筑物,那么热泵为你省下的钱可能没那么多,但在大多数城市,使用热泵仍是经济合算的选择。比如,在休斯敦,这会为你节省17%的开支;在芝加哥,成本实际上还会增加6%,因为那里的天然气价格异乎寻常的低。另外,有些老旧房子没有安装新设备的空间,所以可能也无法进行升级改造。

然而,这些负绿色溢价给我们提出了一个显而易见的问题:如果热泵如此合算,那么为什么只有11%的美国家庭安装了这种设备?[9]

原因之一是,美国人每隔10年左右才会更换一次暖炉,大多数人手上又没有足够的闲钱,所以也就不会用热泵来替换尚可正常工作的暖炉。

除此之外,还有一种解释:过时的政府政策。20世纪70年代爆发能源危机以来,美国人一直试图减少能源的使用,所以各州政府出台种种激励措施,鼓励使用天然气暖炉和热水器来取代能效低下的同类电动产品。有些州还更改了建筑规范,使得房主更难将他们的天然气类设备换成电动产品。很多重视高能效而非低排放的政策仍在发挥效力,在这种情况下,减排行动就会受到限制,因为你无法把天然气暖炉换成电动热泵——即便这样做会给你省钱。

这种"愚蠢的监管"令人沮丧,但如果你换一个角度看,它又是好消息。这意味着除了给电网"脱碳",我们不需要额外的技术突破就可以减少该领域的排放。电动替代产品已然存在，而且可以广泛使用；它不仅具有价格竞争优势，而且是实实在在的便宜。我们要做的就是确保政府政策跟上时代发展的步伐。

令人遗憾的是，尽管从技术上讲，我们可以通过电力手段实现取暖方面的零排放，但这个过程并不是一蹴而就的。即便我们解决了前文提到的自缚手脚的监管问题，也不可能在一夜之间就把所有的天然气暖炉和热水器换成同类电动产品。这就好比让全世界的乘用车一下子都变成电动车，是不现实的。从时下暖炉的使用寿命来看，如果我们设定一个目标，比如到 21 世纪中叶淘汰所有的天然气暖炉，那么到 2035 年就得停售此类产品。目前，在美国国内销售的暖炉中约有一半是使用天然气的。全世界范围内，化石燃料提供的热能总量比电力多 6 倍。

在我看来，这是我们需要先进生物燃料和电燃料的另一个原因。关于这些燃料，我在第七章中论述过。实际上，它们可以用于我们现在的暖炉和热水器，无须对产品进行改造，也不会增加大气中的碳。但就目前而言，这两个选项的绿色溢价都非常高（见表 8-2[10]）。

这些绿色溢价对一个典型的美国家庭来说意味着什么？如果该家庭原本用取暖油取暖，那么改用先进生物燃料后，每个冬季需要至少多支付 1 300 美元；改用电燃料后，每个冬季需要至少多支付 3 200 美元。如果该家庭原本用天然气取暖，那么改用先

第八章 制冷和取暖

进生物燃料后,每个冬季需要多支付840美元;改用电燃料后,每个冬季需要多支付近2 600美元。[11]

表8-2 使用"零碳"替代品替代当前取暖燃料的绿色溢价

燃料类型	当前零售价	"零碳"选项	绿色溢价
取暖油	2.71美元/加仑	5.50美元/加仑(先进生物燃料)	103%
取暖油	2.71美元/加仑	9.05美元/加仑(电燃料)	234%
天然气	1.01美元/撒姆*	2.45美元/撒姆(先进生物燃料)	142%
天然气	1.01美元/撒姆	5.30美元/撒姆(电燃料)	425%

* 1撒姆天然气的体积约为2.74立方米。——编者注

显然,我们需要降低这些替代燃料的价格,而关于这一点,我在第七章已经论述过。我们还可以通过其他措施来给取暖系统"脱碳"。

尽可能地实现电气化,淘汰天然气暖炉和热水器,用电动热泵取而代之。在有些地区,政府要更新现有政策,允许和鼓励进行电气化升级改造。

在任何可能的地方,加快部署现有清洁能源,同时加大投资,致力于在电力生产、存储和传输等领域取得技术突破,进而实现电网"脱碳"。

更高效地利用能源。这看起来似乎有点儿矛盾,因为刚刚我还抱怨政府政策重视高能效而非低排放。事实是,这两

者我们都需要。

这个世界正在经历一波巨大的建筑浪潮。为满足不断增长的城市人口的居住需求，到 2060 年，我们将增加 2.5 万亿平方英尺的建筑物——正如第二章中所提到的，这相当于每个月都再建一个纽约市，而且是连续 40 年不间断。可以肯定的是，其中很多建筑物将不会按照节能标准设计，在建成后的几十年里，它们只能以低效的方式利用能源。

好消息是，我们知道如何建造绿色建筑——只要我们愿意支付绿色溢价。位于西雅图的布利特中心就是一个极端例子（见图 8–2[12]），作为世界最佳绿色商业建筑之一，布利特中心原本就是按照冬暖夏凉的要求设计的，这样可以降低其对暖气和冷气的需求，同时它也采用了其他节能技术，比如超高能效的电梯。得益于楼顶安装的太阳能电池板，有时它产生的能源比其消耗的能源还要多 60%。即便如此，布利特中心还是接入了城市电网，因为在夜间及阴雨天，它仍需要外部电力供应，而连绵不断的阴雨天在西雅图很常见。[13]

尽管布利特中心的很多技术现在推广起来成本高昂（这也是它自开放起就被称作世界最佳绿色商业建筑之一，而且在之后的 7 年里一直保有这一头衔的原因），但我们仍可以用较低的成本提高住宅和办公楼的能源利用效率。比如，可以采用开发商所称的

第八章 制冷和取暖

图 8-2 位于西雅图的布利特中心

超密闭围护结构设计，尽量隔绝室内外的空气交换，同时使用高品质的保温隔热材料、三层玻璃窗和节能门等。我对装有"智能玻璃"的窗户也很感兴趣，这种玻璃会依照室温要求自动变色：若室内温度过高，它就会变暗；若室内温度过低，它就会变亮。新的建筑规范有助于推广这些节能理念，进而扩大相关产品的市场并推动其成本下降。我们可以建造很多高能效的建筑物，尽管它们不可能座座都像布利特中心一样节能。

我们现在已经讲完了温室气体排放的 5 个主要来源：电力生产与存储、生产和制造、种植和养殖、交通运输，以及制冷和取暖。我希望以下 3 点已经讲清楚了：

1. 这个问题极其复杂，涉及几乎所有的人类活动。
2. 我们手头已经有了一些现在就应该部署的减排工具。
3. 但我们还没有掌握所需要的全部工具。我们必须降低各个部门的绿色溢价，而这也意味着需要更多的发明。

在第十章到第十二章，我会给出具体的行动步骤。我认为，在开发和部署所需的工具方面，这些步骤会为我们提供最大可能性。但首先我想直面一个让我夜不能寐的问题：到目前为止，本书所讲的内容全都是关于如何减少排放，以及怎样才能把温度控制在我们所能承受的范围内，对于已然发生的气候变化，我们能够做什么呢？特别是，我们怎样才能够帮助极端贫困人口？要知道，他们在气候变化问题上要负的责任最小，遭受的损失却最大。

第九章

适应暖化的世界

让适应气候变化而设的投资项目具有吸引力，同时评估金融市场中与气候变化相关的金融风险。

我一直在解释为什么我们必须实现零排放的目标，以及为什么需要很多创新才能实现这一目标。但创新并不是一朝一夕就能完成的，前文讲的那些绿色产品，需要几十年的时间才能达到足够大的规模，才能产生有意义的影响。

　　在此期间，世界各地的人，无论收入水平如何，都已经在遭受某种气候变化的影响。现在，我们每一个人都必须适应不断暖化的世界。随着海平面和冲积平原的变化，我们需要重新考虑把家和企业安在哪里。我们需要强化电网建设，需要加固海港和桥梁。我们需要种植更多的红树林（如果你不知道什么是红树林，请继续往下看），需要改进风暴早期预警系统。

　　我会在本章后面的部分讨论这些问题。现在，我要讲的是那些我最先想到的、会在气候灾难中遭受最大痛苦的人以及最需要帮助的人。在电网、海港或桥梁方面，他们其实并没有太多的忧虑。他们是我在开展全球健康及发展工作中遇到的低收入群体，同时也是气候变化中受冲击最严重的群体。他们的故事反映了同时对抗贫困和气候变化的复杂性。

比如，2009年，我去肯尼亚了解当地农民的生活状况，调查对象是耕地面积少于4英亩的农民，或者用开发领域的术语来讲——小农。就是在那个时候，我遇到了塔拉姆一家——拉班·塔拉姆、米丽娅姆·塔拉姆以及他们的3个孩子。我去参观过他们的农场（见图9-1[1]）：沿着肯尼亚发展最快的城市之一——埃尔多雷特郊外的一条土路出发，走几英里就到。塔拉姆一家并没有多少钱，除了几间带茅草屋顶的圆形泥屋和一个畜棚，几无其他财产。他们的农场面积约为2英亩，比一个棒球场还小。然而，就是这一小片土地吸引了方圆几英里的数百名农民前来参观和学习。

拉班和米丽娅姆在他们家大门口迎接我，然后跟我讲起了他们的故事。两年前，他们还是从事自给农业的小农户，同大多数邻居一样，他们家也曾处于赤贫状态。他们种植玉米和蔬菜，一部分自己吃，剩下的拿到集市上去卖。拉班还会外出打零工，以维持一家的基本生活。为增加收入，他买来一头奶牛。这对夫妇一天挤两次牛奶，早上挤的牛奶卖给当地的商人，换取一些现金，

第九章 适应暖化的世界

图 9-1

注：2009 年，我在肯尼亚卡比耶特的一处农场见到了农场主人米丽娅姆·塔拉姆和拉班·塔拉姆，他们有一个非常棒的成功故事，但气候变化可能毁掉他们已经取得的所有成果。

但数额不多；晚上挤的牛奶留着给全家人喝。总共算下来，这头奶牛每天可以产 3 升奶，也就是说，他们这个五口之家，每天卖出和喝掉的牛奶还不足 1 加仑。

在我遇到他们的时候，塔拉姆一家的生活水平已经有了很大改善。他们现在有 4 头奶牛，每天可产奶 26 升，其中 20 升出售、6 升自用。这些奶牛每天可以给他们带来近 4 美元的收入，在肯尼亚这一地区，这样的收入水平足够他们重建房子、种植专用于出口的菠萝，也足够他们供孩子上学。

他们说，生活之所以好转，是因为附近新开了一家牛奶冷却厂。塔拉姆一家及周边的农民可以把他们挤的牛奶卖给这家工厂，这家工厂则通过冷却设备将牛奶冷却存储后运送到全国各地，从而让牛奶卖出更好的价格。此外，这家工厂在某种程度上也扮演着培训基地的角色。当地的奶农可以来这里学习养殖技术，了解怎样饲养更健康、更高产的牲畜，怎样给奶牛接种疫苗，以及怎样对牛奶进行污染检测以确保产品卖出好价钱，等等。如果牛奶不符合标准，他们还会获得关于提升质量的建议。

在肯尼亚，也就是塔拉姆一家生活的这个国家，大约三分之一的人口从事农业生产。全世界有 5 亿个小农农场，约三分之二的贫困人口从事农业生产。[2] 尽管从业人口庞大，但由小农造成的温室气体排放非常少，因为他们根本没钱使用那么多涉及化石燃料的产品和服务。就人均二氧化碳排放量而言，一个肯尼亚人仅相当于一个美国人的 1/56 [3]，肯尼亚农村地区的人均二氧化碳排放量更少。

但如果你记得第六章中讲到的牛的问题，你就会立刻意识到这里的困境：塔拉姆一家买了更多的牛，而牛对气候变化的影响超过其他牲畜。

就塔拉姆一家而言，他们的做法没有什么不正常的，很多贫困农民在赚了钱之后都会投资高价值的资产，比如购买鸡、山羊和奶牛，因为这些动物是很好的蛋白质来源，而且通过卖奶、卖

第九章 适应暖化的世界

蛋还可以获得额外的现金收入。这是明智的决定，任何关心脱贫行动的人都不会告诉他们不要这样做。问题难就难在这里：随着人们收入水平的提高，他们做的事情会导致更多的温室气体排放。这就是我们需要创新的原因，即帮助贫困人口在不加剧气候变化的情况下提高自身的生活水平。

一个极其不公的残酷事实是：这个世界上的贫困人口基本没有做任何导致气候变化的事情，其所承受的气候变化带来的冲击却最大。对美国和欧洲地区相对富裕的农民来说，气候变化带给他们的只是一些麻烦，而对非洲和亚洲地区的低收入农民来说，气候变化的后果有可能是灾难性的。

随着全球气候变暖，旱灾和洪灾的发生会越来越频繁，农作物绝收的情况也会越来越多。牲畜可吃的少了，产的肉和奶也就少了；空气和土壤失去了水分，植物赖以生存的水也就少了。在南亚和撒哈拉以南非洲地区，数千万英亩的农田将处于严重干旱状态。各种农作物害虫泛滥成灾，因为它们要寻找更适于生存的环境。农作物生长季也会变得越来越短，如果升温 4 摄氏度，那么在撒哈拉以南非洲的大部分地区，生长季会缩短 20%，乃至更多。

当你苦苦挣扎在生存边缘时，这当中的任何一个变化都可能是灾难性的。如果你没有任何积蓄，而种植的农作物又全部死了，那么你没有钱再买多余的种子，等待你的将是一条绝路。再者，这些问题都会导致粮食价格上涨，使得穷人更难以承受。受气候变化影响，数亿人将面临物价飙升的挑战，而在他们的总收入中，原本就有超过一半花在了食物上面。

随着食物越来越匮乏，富裕群体和贫困群体之间本来就已存在的巨大鸿沟将进一步拉大。目前，就5岁以下儿童死亡率而言，乍得是芬兰的50多倍。受日趋严重的食物短缺的影响，越来越多的孩子将无法获得成长期所需的全部营养，这将导致其身体的抵抗力下降，他们就更有可能死于腹泻、疟疾或肺炎。研究发现，受升温影响，到21世纪末，因高温天气死亡的人数每年可能多达1 000万（大致相当于现在每年死于各种传染病的人数总和），其中大多数集中在贫困国家。而在贫困国家侥幸活下来的儿童则更有可能罹患发育障碍类疾病，也就是说，身体或智力无法得到充分发育。

因此，气候变化对贫困国家造成的最糟糕的影响是降低其国民健康水平，使得国民健康状况进一步恶化——营养不良率和死亡率上升。所以，我们需要向极端贫困人口伸出援助之手，帮助他们改善健康状况。在这个问题上，我认为可以从两方面着手。

首先，我们需要提高营养不良儿童的生存率。这意味着要改善初级卫生保健体系，加强疟疾的预防和控制工作，以及继续为腹泻和肺炎等疾病提供疫苗。毫无疑问，新冠肺炎疫情让这一切都变得更加困难，但我们知道怎么做好这些事情。比如，作为一个疫苗项目组织，全球疫苗免疫联盟（GAVI）2000年以来已经挽救了1 300万人的生命，这堪称人类最伟大的创举之一。[4]（为这项全球事业提供捐助是盖茨基金会最引以为豪的成就之一。）我们不能让气候变化打乱这一进程。实际上，我们还需要加快进程，为其他疾病研发疫苗，比如艾滋病、疟疾和结核病，并让每个需要疫苗的人都能够接种。

其次，我们还需要从源头着力降低儿童营养不良的发生率。随着人口的增长，全球贫困地区的食物需求量可能会增加一倍，乃至两倍。所以，我们需要帮助贫困农民种植更多的粮食——即便是在旱灾和洪灾来袭的时候。关于这方面的内容，我将在下一节做进一步论述。

我跟富裕国家负责监督对外援助预算的人打过很多交道，他们之中一些非常好心的人甚至曾告诉我："我们过去资助疫苗，而现在需要建立气候敏感型援助预算。"他们这番话的意思是要帮助非洲降低温室气体排放量。

我告诉他们："请不要把资助疫苗的预算拿去生产电动车。在全球温室气体总排放量中，非洲仅占2%的比例。你真正应该资助的是适应气候变化的项目。我们能帮助贫困人口适应气候变化的最好方法就是确保他们足够健康，确保他们能在气候变化中生存，并实现繁荣发展。"

你可能从未听说过CGIAR①，我第一次知道这个组织大概是在10年前，那时我正着手研究贫困国家农民面临的问题。根据我的个人经历，在确保家庭，尤其是极端贫困家庭获取营养食物方面，没有哪个组织比CGIAR出力更多。在开展创新以帮助贫困农民适应未来气候变化方面，也没有哪个组织比它所处的位置更好。

CGIAR是世界上最大的农业研究组织，简单来讲，它致力于帮助培育更好的动植物基因。正是在墨西哥的一家CGIAR实验室，诺曼·博洛格（你可能还记得我在第六章讲过他）在小麦培育方面取得了突破性进展，进而引发了绿色革命。受博洛格启发，CGIAR的其他研究人员也成功培育出了高产抗病水稻，在随后的几年里，这个组织在牲畜、土豆和玉米等方面开展的工作，帮助减轻了贫困人口的贫困程度，同时改善了他们的营养水平。

很多人都不知道CGIAR，这的确是一件非常糟糕的事情，但细想也不奇怪。首先，它的名称常被人误以为是"cigar"（雪茄），觉得它与烟草行业有关。（事实并非如此。）另外，CGIAR不是一个单一组织，而是由15个独立研究中心组成的网络，其中大多数都使用令人难以分辨的首字母缩略词来指代，它们包括CIFOR（国际林业研究中心）、ICARDA（国际干旱地区农业研究中心）、CIAT（国际热带农业中心）、ICRISAT（国际半干旱地区热带作物

---

① CGIAR成立时的名称是国际农业研究磋商组织（Consultative Group for International Agricultural Research）。这下你该知道为什么它一开始就是这个缩写了。

第九章 适应暖化的世界

研究所）、IFPRI（国际食物政策研究所）、IITA（国际热带农业研究所）、ILRI（国际家畜研究所）、CIMMYT（国际玉米小麦改良中心）、CIP（国际马铃薯中心）、IRRI（国际水稻研究所）、IWMI（国际水资源管理研究所）和 ICRAF（世界混农林业中心）等。

尽管 CGIAR 偏爱"字母汤"[①]，但在为世界贫困农民培育新的气候智能型农作物和牲畜方面，它依然发挥着不可或缺的作用。我最爱举的例子之一就是该组织研究人员培育的抗旱玉米。

尽管撒哈拉以南非洲地区的玉米产量低于世界其他地方，但那里有超过 2 亿个家庭靠种植这种农作物维持生计。天气越是反复无常，农民面临玉米减产的风险就越高，而在有些时候，甚至还会出现颗粒无收的情况。

为此，CGIAR 的专家培育了数十种适于非洲不同地区种植的抗旱玉米新品种。起初，许多小农不敢尝试种植新品种。这完全可以理解，如果你苦苦挣扎在生存边缘，你也不会冒险种先前从未种过的种子，要是它们死了，那你就没有任何后路可退了。但在专家向当地农民和种子经销商说明了新品种的种种优势之后，越来越多的人开始种改良的玉米品种。

很多家庭的生活由此发生改变。比如，在津巴布韦的干旱地区，相比于种植传统玉米品种，种植抗旱玉米后每公顷多收 600

[①] "字母汤"是西方常见的一道菜，是用字母形状的意面煮的汤。此处指代这些组织都是用缩写字母表示的。——编者注

多千克（即每英亩增产 500 多磅，足以维持一个六口之家 9 个月的生活）。对那些选择出售玉米的种植户来说，所获收入足够他们供孩子上学，也足以满足家庭其他需求。CGIAR 的专家还致力于培育能在贫瘠的土地上种植的玉米品种，以及抗病、抗虫害或抗杂草的玉米品种。他们帮助当地农民把作物产量提高了 30%，同时也在帮助他们解决营养不良的问题。

CGIAR 的成就不仅仅体现在玉米种植领域，在该组织的不懈努力下，新型抗旱水稻正在印度快速推广，因为受气候变化影响，即便是雨季，干旱期也越来越长。CGIAR 还培育了一种绰号为"潜稻"（scuba rice）的水稻品种（见图 9-2[5]）。正如该名称巧妙所示，这种水稻可以在水下存活长达两个星期。一般来说，洪灾时，水稻会把叶子伸展到水面之上；如果被淹没时间过长，它们就会在试图逃离水下环境的过程中耗尽能量，最终因能量枯竭而死。"潜稻"不存在这一问题，它们被植入了一种抗洪涝的基因——SUB1，因此在遭遇洪涝灾害时，它们会停止伸展叶子，进入休眠状态，直至洪水退去。

CGIAR 的工作重点除了培育农作物新品种，其旗下科学家还开发了一款智能手机应用程序，便于农民使用手机上的相机识别危害木薯（非洲的一种重要经济作物）的各种病虫害。他们还开发了一款应用程序，利用无人机和地面传感器帮助农民确定农作物所需的浇水量和施肥量。

图 9-2　一片种植"潜稻"的农田

注：作为新培育的水稻品种，"潜稻"一次最长可在水下生存两个星期，这是一个非常重要的优势，因为洪灾将越来越频繁地爆发。

贫困农民需要更多类似的进步技术，但要提供这些服务，CGIAR 和其他农业研究机构需要更多的资金。农业研究长期存在资金不足的问题。事实上，加大对 CGIAR 的资助，从而使它帮助更多的农民，正是全球适应委员会①的主要建议之一——该委员会

---

① 全球适应委员会受 34 名专员和 19 个召集国的指导，其中专员为政府、企业、非营利组织和科学界的领导者，召集国则代表了世界各个地区。一个由研究和顾问机构组成的全球网络为该委员会提供支持。全球适应中心和世界资源研究所共同管理该委员会。

由我本人、联合国前秘书长潘基文和世界银行前首席执行官克里斯塔利娜·格奥尔基耶娃共同领导。[6] 毫无疑问，我认为这样的钱花得值：就 CGIAR 的研究而言，每 1 美元的投入会产生大约 6 美元的收益。即便是沃伦·巴菲特，对这种回报率的投资也会举双手赞成，况且在这一过程中还能拯救生命。

除了帮助小农提高农作物收成，全球适应委员会还提出了 3 项与农业相关的建议。

第一，帮助农民应对越来越恶劣的天气带来的风险。比如，政府可以帮助农民种植更多种类的农作物，饲养更多种类的牲畜，这样即便某个领域出了问题，他们的生活也不会陷入困顿。政府还应该探索如何加强社会保障体系建设，提供与天气相关的农业保险，帮助农民挽回相关损失。

第二，重点关注最弱势的群体。虽然妇女并不是唯一的弱势群体，但她们是最大的弱势群体。由于各种各样的原因——文化上的、政治上的和经济上的等，农村女性的处境比男性更艰难。比如，她们可能无法获得土地权，无法获得用水的平等权利，无法获得购买肥料的资金，甚至无法获得天气预报信息。所以，我们需要推动女性财产权的实现，并为她们提供一些具有针对性的技术建议，等等。这些做法的回报是巨大的：联合国下属某机构的一项研究发现，如果女性能够获得和男性一样多的资源，那么在同等的土地上，她们能多收获 20%~30% 的粮食，从而使全世界饥饿人口减少12%~17%。[7]

第三，将气候变化纳入政策决策。用于帮助农民适应气候变化的资金非常少：2014—2016年，政府花在农业部门的5 000亿美元资金中，只有极小一部分被用于减缓气候变化对贫困人口的冲击。政府应该拿出相关政策和激励措施，帮助农民在种植更多粮食的同时减少温室气体排放。

概括来说，在气候变化问题上，富裕群体和中等收入群体要负最主要的责任。极端贫困人口所负的责任最小，但其所受的冲击最大。他们理应得到世界的帮助，也需要得到世界的帮助，而且是比现在更多的帮助。

* * *

我在过去20年里开展了一系列与全球贫困相关的工作。在此过程中，我深入了解了贫困农民所面临的困境，以及气候变化将对他们造成的影响。当然，这也是我个人的兴趣所在，因为我痴迷于植物育种背后的科学。

然而，直到最近，我才开始把注意力放到适应气候变化这幅拼图的其他拼块上，比如城市应该做哪些准备工作或生态系统会受到何种影响。对这些问题的深入了解得益于我刚才提到的全球适应委员会，以及我在该委员会所从事的工作。以下是我从科学、公共政策和产业等领域的数十位专家那里获取的一些洞见，它们或许可以帮助你了解我们该如何适应一个不断暖化的世界。

大致来说，你可以把适应气候变化分为三个阶段来考虑。

第一阶段是降低气候变化带来的风险，相关措施包括建设气候适应型建筑物和其他基础设施，保护湿地并将其作为防洪屏障，以及在必要的时候鼓励人们永久迁离已不适于居住的地区。

第二阶段是做好应对突发事件的准备工作。我们需要不断改进天气预报和预警系统，以便更好地掌握风暴的相关消息。而在灾难爆发时，我们需要装备精良、训练有素的应急救援队伍，以及处理临时疏散工作的应急体系。

第三阶段也是最后一个阶段：灾难发生后的恢复期。我们需要为流离失所的人制订服务计划，比如医疗保健和教育计划；为各收入阶层的人提供灾后重建保险，同时设立建筑标准，确保灾后重建设施比先前的设施更能抵御气候变化的冲击。

以下是适应气候变化的四大要点。

第一，城市需要改变发展方式。 全球一半以上的人口居住在城市里，而且这个比例在未来几年还会上升。城市对世界经济的贡献超过四分之三。在扩张过程中，许多高速发展的城市最终会将建筑工地扩张到冲积平原、林地和湿地上，而这些地方原本是用于调节水资源的：洪涝时排水，干旱时蓄水。

所有城市都会受到气候变化的影响，海滨城市遭遇的问题最严重。随着海平面的上升和风暴潮的加剧，数亿人可能要被迫离

第九章　适应暖化的世界

开家园。到 21 世纪中叶，气候变化每年给全球海滨城市造成的损失可能超过 1 万亿美元。仅仅说这会加重大多数城市原本就面临的问题，比如贫困、无家可归、医疗保健和教育，那显然是轻描淡写了。

气候适应型城市是什么样的呢？城市规划者需要掌握最新的气候风险数据和基于计算机模型预测的气候变化影响数据。（当前，在发展中国家和地区，许多城市的领导者甚至连标示哪些地区最易遭受洪水袭击的基础地图都没有。）在掌握了这些最新信息之后，他们就可以在相关方面做出更好的决策，比如如何规划居民区和工业中心，如何建设或扩建防波堤，如何保护城市免受日趋猛烈的风暴的袭击，如何强化雨水排水系统，以及如何建设高水位码头平台以使其免受不断上涨的潮汐的侵袭，等等。

来看一个非常具体的例子：如果你准备在本地河上建一座桥，那么桥面高度应该规划为 12 英尺还是 18 英尺？从短期看，建一座更高的桥的建筑成本也更高，但如果你知道未来 10 年极有可能发生大规模洪水，那么建更高的桥可能是一个明智的选择。你肯定宁愿建高成本的桥一次，也不愿意建两次低成本的桥。

这还不仅仅是翻新和改建城市已有基础设施的问题，气候变化还会迫使我们全面考虑城市的新需求。如果城市出现了极端高温天气，而很多人又无力负担空调费用，那么它就需要建立"降温中心"——供居民避暑的设施。不幸的是，使用空调越多，温室气体排放就越多，而这也是我在第八章讲的突破性制冷技术如此重要的另一个原因。

第二，我们应该强化自然防御体系。森林有蓄水和调节水的功能；湿地可以防止洪水，又可以为农民和城市提供水资源；珊瑚礁是海滨社区赖以生存的鱼类的栖息地。但这些以及其他应对气候变化的自然防御体系正在迅速消失，仅 2018 年一年，遭破坏的原始森林就近 900 万英亩，而如果全球升温幅度达到 2 摄氏度——这是很有可能的，那么地球上的大多数珊瑚礁都将会退化、消失。

从另外的角度看，恢复生态系统会给我们带来巨大的回报。通过恢复森林和水域等生态环境，世界最大规模城市的水务部门每年合计可节省 8.9 亿美元。在这方面，很多国家已经走在了前面：在尼日尔，农民发起的一项植树造林活动不仅提高了农作物收成、增加了森林覆盖率，还将妇女拾柴的时间从原来的每天 3 小时减少到 30 分钟；中国已经把大约四分之一的陆地划为关键自然资产，并将在这些地区优先推进保育和生态系统保护工作；墨西哥对境内三分之一的河流流域实施了保护措施，以确保 4 500 万人口的用水需求。

如果我们能够以此为榜样，提高人们对生态系统重要性的认识，帮助更多的国家行动起来，那么我们将从应对气候变化的自然防御体系中获益。

这里还有一项更容易获取的成果,具体来说就是红树林。红树是一种适应咸水环境的低矮树种,生长在海岸线一带,它们可以帮助减缓风暴潮的冲击,阻止沿海洪灾,并保护鱼类栖息地(见图 9-3[8])。总之,红树林每年可帮助全球避免 800 亿美元的洪灾损失;在其他方面,它们也可以帮助我们节省数十亿美元。种植红树林远比修建防波堤便宜,而且这些树木可以改善水质。这是一项非常棒的投资。

图 9-3 红树林

第三,全球饮用水的需求量将超过供应量。随着湖泊和地下蓄水层的不断缩小或被污染,让每个人都能获得其所需要的饮用水将越来越困难。全球大多数特大城市都面临水资源短缺问题。

如果再不改变，那么到 21 世纪中叶，每月至少有一次无法获得足够饮用水的人数将会增加三分之一以上，超过 50 亿。

在这方面，技术带来了一些希望。我们已经掌握了使海水析出盐从而把它转化为饮用水的方法，但这个过程需要大量能量，因为你需要把海水从海洋运到海水淡化厂，再把淡化处理后的饮用水送到需要的人手中。（这也就是说，同其他很多事情一样，水的问题归根结底是个能源问题：只要有足够便宜的清洁能源，我们可以生产出足以满足每个人需求的饮用水。）

在我密切关注的技术中，有一种是从空气中提取水，我觉得这个想法很聪明。这基本上就是一台配有先进过滤系统的太阳能除湿机，之所以配有过滤系统，是为了避免你喝到空气中的污染物。目前，这种装置已经可以在市场上买到，但其售价高达数千美元，对贫困群体来说实在是太贵了，然而在水资源短缺问题上，贫困群体是受冲击最严重的群体。

在该方法变得足够廉价之前，我们需要采取更切合实际的行动：通过激励政策降低用水需求，同时加大努力提升供水能力。这包括从废水回收利用到按需灌溉（一种灌溉系统，它既能大幅减少用水量又能提高农民的收成）在内的一切措施。

第四，我们需要引入新的资金，用以资助适应气候变化项目。我在这里讲的并不是针对发展中国家的国外援助——当然我们也需要国外援助资金，而是公共资金怎样才能吸引私人投资者，并让他们支持适应气候变化项目。

这里有一个我们需要克服的问题：人们先期支付了适应气候变化的成本，但在接下来的很多年里可能都无法获得经济回报。比如，你现在可以采取防洪措施保护自己的企业，但在接下来的一二十年里，你所在的地区可能都不会出现重大洪涝灾害，你的防洪投入不会产生有利可图的现金流，客户也不会因你的防洪投入（比如你采取了措施，确保污水不会在洪灾期间倒灌进地下室）而为你的产品支付额外费用。如此一来，银行也就不愿意为你的项目发放贷款，而即便发放贷款，也会向你收取高额利息。总之，你必须自己消化一些成本，结果可能就是你直接放弃了适应气候变化项目。

把这个例子扩延到整个城市、整个州或整个国家，你就知道为什么公共部门必须在为适应气候变化项目提供融资以及吸引私人部门的投资方面发挥作用了。我们需要把这类项目变成一项有吸引力的投资。

这首先需要公共和私人金融市场把气候变化风险纳入考虑范围，并对这些风险进行相应定价。一些政府和企业已经在评估项目的气候风险，事实上，所有政府和企业都应该这样做。政府还可以在适应领域投入更多资源，并为未来的投资数额设定目标，同时制定政策，消除私人投资者所面临的一些风险。在适应气候变化项目的回报日趋清晰后，私人投资应该会有所增长。

你可能想知道这要花多少钱。在适应气候变化方面，我们不可能为这个世界所需要做的每一件事情都贴上一个价格标签，但我所在的全球适应委员会列出了 5 个关键领域的花费情况（建立早期预警系统，建设气候适应型基础设施，提高农作物产量，管理水资源和保护红树林），并发现在 2020—2030 年投入 1.8 万亿美元，将产生超过 7 万亿美元的收益。换言之，在 10 年的时间里，投入全球 GDP 的 0.2%，将产生近 4 倍的投资回报。

你可以用一些可能会发生的坏事来测算这些收益：因用水权而发生冲突，旱灾或洪灾导致农民绝收，城市因飓风而被破坏，以及因气候变化而逃难，等等。你也可以用一些一定会发生的好事来测算：孩子在成长过程中获得了所需的营养，家庭摆脱了贫困并成功加入全球中产阶级行列，以及即便全球温度越来越高，企业、城市和国家依然实现了繁荣发展。

无论你采用哪种测算方法，经济上的回报都是很明显的，从道德上看也是如此。在过去 25 年里，极端贫困人口的数量大幅减少——从 1990 年占全世界人口比例的 36% 降到 2015 年的 10%，毋庸置疑，新冠肺炎疫情严重阻碍了这一发展进程。[9] 但与之相比，气候变化更甚，它可能会使全球极端贫困人口增加 13%。

作为气候变化问题的主要责任者，我们应该帮助世界上的其他人渡过危机。这是我们欠他们的。

第九章 适应暖化的世界

* * *

在适应气候变化方面，这里还有一个需要多加关注的问题：我们要做好应对最坏情况的准备。

气候科学家已经确定了很多可显著加快气候变化速度的引爆点，比如，洋底含有大量甲烷的冰状晶体结构开始变得不稳定并最终喷发。在较短的时间内，灾难可能就会蔓延全球，使得我们应对气候变化的所有努力付诸东流。而全球温度越高，我们就越有可能触发引爆点。

如果有迹象表明我们已经开始朝着某一个引爆点迈进，那么你将会听到一系列大胆甚至疯狂的想法，而这一切都可以归到一门名为"地球工程学"的学科下。这些方法尚未得到证实，还会引发棘手的伦理问题。尽管如此，它们还是值得研究和讨论的，因为我们现在还有大把时间进行研究和讨论。

地球工程是一个尖端的、"在紧急情况下打碎玻璃"式的工具，其基本理念是对地球上的海洋或大气层采取干预措施，对其进行临时改变，从而达到降低全球温度的目的。这些改变并不是为了免除我们的减排责任，而是为我们采取共同行动赢得时间。

近年来，我资助了一些与地球工程学相关的研究项目（与我支持的减缓和适应气候变化的项目相比，这些资助可以说微不足道）。在地球工程学领域，大多数方法都基于这样一个理念：要抵消我们向大气中排放温室气体所导致的升温,就需要把照射到地球的阳光量减少约 1%。①

我们可以通过许多方法做到这一点。方法之一是在大气上层散布极细颗粒物——颗粒物的直径仅为百万分之几英寸。科学家知道,这些颗粒物可以散射阳光,从而起降温的作用,因为他们见过这种情况的发生:超级火山在爆发时,也会喷射类似的颗粒物,并会显著降低全球温度。

地球工程的另一个方法涉及提高云层亮度。因为阳光在照射云层顶部时会被散射,所以我们可以通过提高云层亮度来散射更多的阳光,从而达到降低地球温度的目的,比如使用盐雾使云层散射更多阳光。实际上,这并不需要大规模提高云层亮度。要减少 1% 的入射阳光,我们只需要把覆盖地球面积 10% 的云层提高 10% 的亮度即可。

除此之外,地球工程学领域还有其他降低全球温度的方法,它们在 3 个方面存在共同之处:第一,与所应对问题的规模相比,这些方法相对便宜,其前期投入成本不到 100 亿美元,而且运营

---

① 我们来看一下计算方法:以年为单位,地球吸收的太阳热量约为每平方米 240 瓦特。现在大气中的碳平均每平方米可吸收约 2 瓦特的热量。如此一来,我们就需要减少 2/240 的太阳热量,约合 0.83%。不过,由于云层会因太阳地球工程而发生适应性调整,所以我们实际上要减少更多的太阳热量,即 1% 左右的入射阳光。如果大气中的碳含量增加一倍,那么每平方米将吸收约 4 瓦特的热量,这样我们就需要减少约 2% 的太阳热量。

费用极低；第二，对云层的影响会持续一周左右，所以我们在任何时候都可以启动或停用，不用担心造成长期影响；第三，这些方法可能会面临各种技术问题，但在它们必定面临的政治障碍面前，这些问题显得不值一提。

一些评论人士抨击地球工程是就地球开展的大规模实验，然而正如地球工程的支持者所指出的，我们早已经在地球上开展了类似的大规模实验——排放巨量的温室气体。

平心而论，我们需要更好地了解地球工程在地方层面的潜在影响。这是一个合理关切，我们甚至在考虑在现实世界中开展大规模地球工程实验之前，就应该就此展开多方面的研究。另外，由于大气层是一个全球性问题，没有哪个国家可以自行决定进行地球工程实验。在这方面，我们需要达成一些共识。

目前，我们很难想象世界各国能在人为设定地球温度这个问题上达成一致意见。在未来几年乃至几十年里，要想在降低全球温度的同时避免经济严重受损，地球工程是我们唯一已知的方式。或许有一天我们会陷入别无选择的境地。我们最好从现在就开始，为那一天做好全面的准备。

第十章

政府要扮演的角色

明智的政策可以帮助解决气候问题。政府应全力做好的七件大事。

1943年,在"二战"战况最为激烈之际,一股浓浓的烟雾笼罩了洛杉矶。浓烟的毒性很大,居民先是感到眼睛刺痛,然后开始流鼻涕,司机无法看到3个街区之外的道路。一些当地人怀疑是日本军队使用化学武器攻击了这座城市。

洛杉矶并没有受到攻击——至少没有受到外国军队的攻击。真正的元凶是雾霾,这是由空气污染和天气条件共同造成的一起不幸事件。

在近10年后的1952年12月,伦敦也遭到了雾霾的严重侵袭,持续时间长达5天(见图10–1[1])。公交车和救护车全部停运。即便是在建筑物内,能见度也非常低,以致电影院都不得不关闭。抢劫犯猖獗一时,因为无论是哪个方向,警察都只能看到几英尺

图10-1 "1952年伦敦烟雾事件"期间,警察不得不靠火把来指挥交通

以内的东西。(如果你跟我一样都是网飞剧集《王冠》的忠实观众,那么你一定会记得第一季中有一集正是以这一糟糕事件为背景的,剧情扣人心弦。)"1952年伦敦烟雾事件"至少造成了4 000人死亡。

正是由于这些事件的发生,空气污染在20世纪五六十年代引发了美国和欧洲民众的广泛担忧,政策制定者也据此迅速行动。1955年,美国国会开始拨款,用于资助空气污染及修复方案等方面的研究。次年,英国政府出台《清洁空气法案》,在全国范围内设立排烟控制区,区域内只允许使用更清洁的燃料。7年后,美国出台的《清洁空气法》为国内空气污染控制确立了现代监管体系——迄今为止,在监管危及公众健康的空气污染方面,它仍是美国最全面、最具影响力的法律之一。1970年,美国时任总统理查德·尼克松成立国家环境保护局,帮助推进法律的施行。

美国的《清洁空气法》发挥了其应有的作用——清除空气中的有毒气体,1990年以来,美国的二氧化氮排放量下降了56%,一氧化碳排放量下降了77%,二氧化硫排放量下降了88%,铅排放在美国已经基本绝迹。虽然我们仍需为此付出努力,但不可否认这一切都是在我们的人口和经济不断增长的情况下取得的。

明智的政策可以帮助解决空气污染之类的问题,这类例子甚至都没有必要从历史中寻找,因为现在就有一个:自2014年起,为应对各大都市市区不断恶化的雾霾问题和飙升的有害空气污染物的排放量,中国政府发起了多项行动计划,包括为降低空气污染设定新的目标,禁止在人口密集城市周边建设新的燃煤电厂,以及对大城市内非电动车的使用施加限制,等等。短短几年时间,在特定类型污染方面,北京降低了35%,拥有1 100万人口的保定降低了38%。

虽然空气污染仍是导致疾病和死亡的主要原因之一——每年可能有超过700万人死于空气污染,但如果没有我们实施的那些政策,这个数字无疑还会更大。[①](相关政策也帮助减少了温室气

---

① 山火是一个单独却相关的问题,比如2020年发生在美国西部地区的那场山火。2020年美国西部山火的浓烟引发了一系列安全问题,影响了数百万人的生活。

体排放，尽管这并不是它们最初的目的。）从目前的情况看，它们也清楚表明了在避免气候灾难方面，政府政策必须发挥主导作用。

我承认"政策"是一个含糊的、听上去无趣的词。一项重大突破，比如新型电池的发明，可能比推动化学家发明该电池的那些政策更让人感兴趣。但如果政府没有通过税收资金资助该项研究，没有出台旨在将该项研究从实验室推向市场的政策，没有制定旨在创造市场并使其易于大规模应用的法规，那么这项突破可能根本就不会存在。

在本书中，我一直强调实现零排放所需的各种发明的重要性，比如存储电力和炼钢的新方式等，但创新并不仅仅是开发新设备，还包括制定新政策的问题，政策能让我们尽快在市场上展示和推广那些新发明。

幸运的是，在制定这些政策时，我们并不是从一张白纸开始的。我们在能源监管方面积累了大量经验。事实上，在美国乃至整个世界，能源都是经济中受监管最严格的部门之一。除了更清洁的空气，明智的能源政策还给予了我们以下益处。

电气化。1910年，在美国，家中能用上电的人仅占12%，而到1950年，这个数字已经超过90%。这主要得益于联邦政府对大坝建设的资金支持，为能源监管而专门设置的联邦机构，以及政府大规模实施的乡村电力发展计划。

能源安全。为应对20世纪70年代的石油危机，美国着手提

第十章 政府要扮演的角色

升各种能源的国内产量。联邦政府于1974年推出首批重大研发项目，次年颁布与节能相关的重要立法，其中就包括汽车的燃油效率标准等。1977年，美国能源部成立。20世纪80年代，由于油价大幅下跌，我们放弃了之前的很多努力，并一直持续到21世纪初油价再次开始上涨为止。21世纪初的油价上涨引发了新一轮投资热潮，政府监管也随之收紧。通过这些投入及其他各种努力，2019年美国能源总出口量超过了进口量，这是近70年来的第一次。[2]

经济复苏。2008年"大衰退"以来，各国政府在可再生能源、能源效率、电力基础设施和铁路等领域加大投入，创造就业机会，并刺激投资。2008年，中国出台了4万亿元的经济刺激"一揽子计划"，其中很大一部分投向了绿色项目。2009年，美国颁布了《美国复苏与再投资法案》，利用税收减免、联邦拨款、贷款担保和研发资助等方式提振经济，减少排放。这是美国历史上在清洁能源和能源效率方面所做的最大单笔投资，但这只是一时的资金注入，而不是长期的政策改变。

现在该是把我们的政策制定经验拿出来应对眼前挑战的时候了：实现温室气体的零排放。

世界各国领导人需要阐明推动全球经济实现"零碳"转型的愿景。反过来，这个愿景又可以成为世界各地的人和企业的行动指南。政府可以制定相关规则，规定电厂、汽车和工厂的最高碳排放量；可以出台监管政策，塑造金融市场，明确气候变化给私人和公共部门带来的风险；可以作为科研的主要投资者——就像现在所做的一样，并制定有关新产品多久可以上市的规则；还可以帮助解决市场无法解决的问题，比如碳排放产品对环境和人类造成的隐形成本等。

就这些决策而言，很多都是在国家层面上做出的，州和地方政府也可以发挥重大作用。在很多国家，地方政府负责监管当地电力市场，并制定建筑物能源使用标准。它们负责规划当地的大型建筑项目，比如大坝、轨道系统、桥梁和道路等，同时负责项目的选址，并规定所用建材类型。它们购买警车和消防车、学校的午餐和灯具。其中的任何一步，都将有人决定是否使用绿色替代方案。

我是在呼吁更多的政策干预，这听起来可能有点儿讽刺。在打造微软期间，我与华盛顿哥伦比亚特区乃至全世界的政策制定者都保持着距离，因为我认为他们只会妨碍我们做好工作。

在某种程度上，20世纪90年代末，美国政府针对微软发起的反垄断诉讼使我意识到我们自始至终都应该和政策制定者打交道。我也知道，在大型事业项目上，比如建设全国高速公路系统、给全世界儿童接种疫苗或为全球经济"脱碳"等，我们需要政府创建合理的激励机制，并确保整个系统惠及所有人。我们需要政府在这些方面发挥巨大的作用。

当然,企业和个人也需要贡献自己的一份力量。在第十一章和第十二章中,我将提出一个实现零排放的计划,涵盖政府、企业和个人可采取的具体步骤。但由于政府所扮演的角色实在过于重要,所以我在这里先列出它应当全力做好的七件大事。

1. 弥补投资缺口

首款微波炉产品于1955年上市,换算成现在的物价水平,每台售价将近1.2万美元。如今,你花上50美元就可以买到一台非常好的微波炉。

为什么微波炉会变得如此便宜?因为对消费者来说,微波炉有一个显而易见的好处:用它来加热食物所需的时间远远少于传统烤箱。随着微波炉销量的快速增长,市场竞争日趋激烈,进而导致产品价格持续下降。

要是能源市场也能这样就好了。电力不同于微波炉,后者完全靠产品性能取胜。"肮脏"的电子和"清洁"的电子一样,都可以驱动照明设备。因此,在缺乏政策干预(比如建立碳定价机制或要求市场上特定比例的电力为"零碳"电力等)的情况下,无法保证输送清洁电力的公司能够赚钱。投资清洁电力也面临巨大的风险,因为能源是一个受高度监管的行业,也是一个资本密集型行业。

能源研发领域之所以普遍存在私人投资不足的问题，原因就在于此。平均而言，能源行业公司用于研发的资金仅占其收入的0.3%。相比之下，电子行业和制药行业的研发投入占收入的比例分别约为10%和13%。

我们需要政府政策和融资来填补这一缺口，特别是那些急需发明新的"零碳"技术的领域。当一个想法还处于早期阶段时，要有合适的政策和融资确保这个想法得到充分的落实，而这里所谓的早期阶段，是指我们在这个阶段还无法确定它是否有效，或它走向成功的时间超出了银行或风险投资者愿意等待的时间。这可能是一项重大突破，但也可能无果而终，所以我们需要包容某种意义上的彻底失败。

总之，在私人投资者因看不到获利方式而不愿开展研发活动时，政府就应该发挥其应有的作用，率先开展研发投资。一旦获利前景明朗，私人投资者就会接过政府的投资接力棒。事实上，你在日常生活中用到的产品几乎都是这么来的，包括互联网、拯救生命的药物，以及智能手机中用以帮助导航的全球定位系统等。如果美国政府没有投入资金研发尺寸更小、速度更快的微处理器，那么个人电脑行业公司永远都不会有成功之日，其中也包括微软。

在数字技术等部门，政府和企业之间的这种交接比较快。在清洁能源部门，这要花更长的时间，甚至需要政府做出更多的财

第十章 政府要扮演的角色

政承诺，因为科研和工程工作既耗费大量时间也耗费大量资金。

政府投资研发还有一个好处：帮助一国建立生产可出口到其他国家的产品的企业。比如，A 国研发了一种成本低廉的电燃料，除了在国内销售，还可以出口到 B 国。B 国即便缺乏减排的雄心，最终也会朝着减排的方向发展，因为其他国家发明了更实用、更便宜的燃料。

最后，尽管研发本身会产生效益，但只有把它同需求侧的激励政策结合，其最大效力才能发挥。没有哪家企业打算把发表在科学期刊上的想法转变成产品，除非它有信心找到购买者，特别是在产品价格高昂的早期阶段。

2. 创造公平的竞争环境

正如我一再声明的（你可能已经听得厌烦了），我们需要降低绿色溢价来实现零排放的目标。绿色溢价的降低，一是可以通过我在第四章至第八章所讲的那些创新来实现，二是提高化石燃料的成本，把化石燃料造成的损害计入销售价格。

今天，无论是企业制造产品还是消费者购买商品，他们都不承担任何额外的碳成本，即便所涉及的碳对社会产生了实实在在的影响。这就是经济学家所说的外部性：个人或企业对社会造成了影响，却没有承担相应的义务。我们有多种方式可以确保责任人至少承担一部分外部成本，比如推行碳税或碳排放总量限制及交易措施等。

简而言之，我们可以通过制造更便宜的"零碳"产品来降低绿色溢价（涉及技术创新），也可以通过提高碳排放产品的价格来降低绿色溢价（涉及政策创新），或者两种手段兼用。这样做并不是为了惩罚人们排放温室气体，而是为了创建一种激励机制，鼓励发明者研发具有竞争力的"零碳"替代品。政府可以逐步提升碳的价格，使其反映碳的真实成本，以此推动生产商和消费者做出更具效力的决策，同时鼓励开展创新活动，进而达到降低绿色溢价的目的。如果你知道你在使用一种新型电燃料时不会因异常低廉的油价损失利益，那么你可能更愿意去发明这种电燃料。

3. 破除非市场壁垒

为什么房主不愿意放弃化石燃料驱动的暖炉转而支持低排放的电动替代产品呢？因为他们不了解替代产品，也因为市场上没有足够多的合格的经销商和安装服务商，还因为这样做在有些地方是违法的。

为什么房东不把家用电器换成能效更高的产品呢？因为能源账单是由租户支付的，而租户通常不被允许变更这些设备，而且他们租住的时间可能不长，即便允许更换，租户也难以获得长期效益。

你会注意到，这些壁垒跟成本没有太大关系。它们之所以存在，是因为缺乏信息、专业技术人员或激励措施，而在这些方面，合适的政府政策都可以发挥重大作用。

4. 紧跟时代步伐

有时候，减排的重大壁垒并不是消费者意识或市场失调，反而是政府政策本身增加了"脱碳"的难度。

如果你想在建筑中使用混凝土，建筑规范会非常详细地说明混凝土的性能要求：它必须具备的强度是多大，它能承载的重量是多少，等等。这些规范可能还会就混凝土的化学成分做出详细规定，而这些成分标准往往会把你想使用的低排放水泥排除在外，即便这些水泥完全符合相关性能标准。

没有人愿意看到建筑物和桥梁因劣质混凝土而坍塌，但我们要确保这些标准能反映最新的科技进步，能反映我们致力于实现零排放目标的紧迫性。

5. 规划"公正转型"

转向"碳中和"经济是一个规模非常庞大的工程，在转型过程中注定会产生赢家和输家。在美国，经济上严重依赖化石燃料钻探及开采的州（比如得克萨斯州和北达科他州等）需要创造新的就业岗位，以弥补转型过程中消失的就业岗位，还要保持原有的薪酬水平；它们需要新的税收，以弥补开采行业的税收损失，继续用于当前的教育开支、道路开支及其他基本服务开支。如果人造肉取代了传统肉类，那么养牛业发达的州也会陷入同样的处境，比如内布拉斯加州等。低收入人群将会比其他人更能感受到绿色溢价带来的压力，因为在他们的收入中，原本就有相当大的一部分已经花在了能源上面。

我希望这些问题都能被轻松解决。显然，在有些社区，高薪酬的石油和天然气工作岗位会被太阳能等行业领域的工作岗位顺势取代。但其他很多社区将经历一个艰难的转型期，因为人们需要转到化石燃料以外的行业领域谋求生计。由于解决方案因地而异，所以它们将需要由地方管理者来主导。不过，作为实现零排放的总体计划的一部分，联邦政府也可以伸出援助之手，比如提供资金和技术建议，或者把全国各地面临相同问题的社区聚到一起，以便它们共同寻求行之有效的方法。

在煤炭或天然气开采占经济大头的社区，人们担心转型可能会让他们入不敷出，这是可以理解的。他们表达这种担忧并不意味着他们就是气候变化否定论者。你不必成为政治学家就能知道，对倡导实现零排放的国家领导人来说，如果他们理解生计将会受到冲击的那些家庭和社区的担忧，并认真对待那些担忧，那么他们的执政理念将会得到更多的支持。

6. 迎难而上

在气候变化方面，很多工作都集中在相对容易的减排方法上，比如驾驶电动车以及更多地利用太阳能和风能等。这么做是有道理的，因为表明进展和展现早期成果有助于让更多的人加入行动计划。重要的一点是：我们并没有在所需的更广泛的范围内实施相对容易的减排行动，所以现在有取得重大进展的巨大机会。

不过，我们不能仅仅把目光放在易于实现的目标上。现在，随着气候变化问题越来越严峻，我们需要把工作重点放到难啃的骨头上：电力存储、清洁燃料、清洁水泥、清洁钢材和清洁肥料等。这就需要一种不同的政策制定方法，除了部署现有的工具，还需要加大关键领域的研发投资力度，同时利用专门制定的政策，深入开展技术攻关和成果转化。因为在我们的道路和建筑等物质基础设施中，这些技术发挥着至关重要的作用。

7. 技术、政策和市场三管齐下

除了技术和政策，我们还需要考虑一个方面：创造新发明并创立确保这些发明会在全球范围内应用的公司，以及寻找为这些公司提供支持的投资者和金融市场。由于未能找到更好的表达术语，我宽泛地把这个组别称为"市场"。

市场、技术和政策就像是三根杠杆，可以用来帮助我们摆脱对化石燃料的依赖。我们需要三管齐下，而且是朝着同一个方向用力。

如果只是出台了一项政策，比如为汽车设定零排放标准，却没有消除碳排放的技术，或者根本就没有公司愿意生产和销售符合这一标准的汽车，那么该政策并没有多大意义。如果你拥有低排放技术，比如从燃煤电厂的废气中捕获碳的设备，却没有通过财政激励措施来鼓励电力企业使用这项技术，那么也没有多大意义。如果行业竞争对手在化石燃料产品的销售上享有价格优势，那么很少会有公司下注开发零排放技术。

这就是市场、政策和技术必须协同发挥作用的原因所在。加大研发投资之类的政策可以帮助推动新技术的开发，塑造市场体系，进而让数百万人受益。但这个过程也可以反过来：政策也应受到我们所开发的技术的影响。如果我们发明一种突破性的液体燃料，那么政策就应聚焦于投资和融资策略，把它推广到全球市场。这样一来，在能源存储等方面，也就不用过于担心了。

我来举几个例子，看看它们协同发挥作用时会发生什么，以及未能协同发挥作用时又会发生什么。

第十章 政府要扮演的角色

要想知道政策落后于技术所产生的影响，就来看看核电行业。核能是唯一可以一周7天、一天24小时运转的"零碳"能源，而且我们几乎在任何地方都可以使用。目前，包括泰拉能源在内的多家公司正在研发先进反应堆技术，旨在解决现在存在的那些反应堆的设计问题——要知道那些设计已经有50年的历史了。新的设计方案更安全、更便宜，而且产生的核废料更少。但由于缺乏合适的政策和合适的市场推广方法，这些先进反应堆的科研和工程成果将无用武之地。

除非设计能够得到验证，供应链可以确立，而且能够建立一个试点项目来演示新的方法，否则任何先进的核电站都很难建成。令人遗憾的是，除了中国和俄罗斯等少数几个国家，大多数国家都没有做这些事情的可行方法。中国和俄罗斯等国现在正直接投资国家扶持的先进核能企业。如果政府愿意共同出资，帮助建立和运行示范项目，那么必然起到推动作用。美国政府最近就采取了这样的政策。我知道我这么讲可能会让人觉得存有私心，因为我拥有一家先进的核能企业，但话说回来，这是推动核能应对气候变化的唯一方式。

生物燃料的例子则是另外一种挑战：确保我们知道要解决的问题是什么，然后据此调整政策。

2005年，鉴于不断上涨的油价和国家减少石油进口的意愿，美国国会通过了《可再生燃料标准》，为未来几年美国国内生物燃料的使用量设定了目标。仅仅是通过这样一项法规就向交通运输行业传递了强有力的信号。随后，行业大举投资当时已经存在的生物燃料技术——玉米基乙醇。对汽油来说，玉米基乙醇已经具有相当的竞争力，原因有二：一是汽油价格不断上涨，二是乙醇生产商从几十年前的一项税收减免政策中受益。

《可再生燃料标准》发挥了其应有的作用。乙醇生产量很快就超过了国会原本设定的目标；今天，美国国内销售的汽油中，每加仑可能含有高达10%的乙醇。

2007年，美国国会决定利用生物燃料解决另外一个问题。这时的关注点不仅在上涨的油价，还有气候变化。政府提高了生物燃料使用量的目标，同时要求美国国内所售的所有生物燃料中要有大约60%来自玉米之外的其他淀粉质原料。（在减少碳排放量这方面，以这种方式制造的生物燃料是传统生物燃料的4倍。）尽管生物燃料提炼商很快就完成了传统的玉米基生物燃料的目标，但在先进替代生物燃料的生产方面离既定目标还有很远的距离。

为什么？部分原因是先进生物燃料不是一门简单的科学，要想实现突破并不容易。再就是当时油价一直处于较低的水平，大规模投资生产成本更高的替代品并不划算。但最主要的原因是，那些可能生产先进生物燃料的公司以及那些可能对这些公司提供支持的投资者对市场确定性缺乏信心。

由于行政部门已经预料到先进生物燃料的供应会出现不足，

所以一再降低使用量目标。2017 年，使用量目标从既定的 55 亿加仑降到 3.11 亿加仑。有时候，新的年度目标会拖到当年很晚才公布，以致生产商都不知道这一年能卖出多少。如此一来，也就形成了一个恶性循环：政府由于预料到供应不足而降低配额，配额的降低又引发了持续的供应不足。

这里的教训就在于，政策制定者要清楚地知道自己想要实现的目标是什么，以及想要推广的技术是什么。就减少美国所需的石油进口量而言，设立生物燃料目标是一个好办法，因为有一种现成的技术产品（玉米基乙醇）可以填补这个缺口。正是如此，这项政策激发了创新，开拓了市场，并扩大了技术的应用规模。但就降低排放量而言，设立生物燃料目标并不是一个特别有效的方式，因为政策制定者并没有考虑所适用的技术（先进生物燃料）仍处于早期阶段这个事实，而且他们没有建立市场所需要的确定性，也就无法实现技术的进一步推广。

现在我们来看政策、技术和市场配合得当的一个成功案例。早在 20 世纪 70 年代，日本、美国和欧盟就开始为太阳能发电的早期研究提供资助。到 20 世纪 90 年代初，太阳能技术已经得到长足发展，越来越多的公司开始制造太阳能电池板，但该项技术仍未被广泛采用。

德国为市场注入了一剂强心针：为安装太阳能电池板的用户提供低息贷款，并为输送到电网的多余太阳能电力提供上网电价补贴。[3] 所谓上网电价补贴,是指政府为每单位可再生能源电力所支付的固定补贴金。2011年,美国利用贷款担保为其国内5个最大的太阳能发电项目提供融资支持。[4] 中国一直是这一领域的主要参与者,并通过创新手段大大降低了太阳能电池板的制造成本。基于这些创新技术,太阳能发电成本自2009年起已经下降了90%。

风电也是一个很好的例子。在过去10年里,风电装机容量的年平均增长率达到20%,现在风力涡轮机提供了全世界约5%的电力。风电行业持续增长的原因很简单:成本越来越低。中国是世界风电大国,而且所占全球份额仍在不断增长。中国已经表示将停止补贴陆上风电项目,因为它们的电力生产成本已经降到了跟传统能源电力一样的水平。

再看看丹麦(见图10–2[5]),20世纪70年代石油危机期间,丹麦政府出台了一系列政策,大力推广风能,同时减少石油进口。此外,丹麦政府投入大量资金开展可再生能源研发。尽管丹麦不是唯一这样做的国家(大约在同一时期,美国也在俄亥俄州开始研发公用事业规模的风力涡轮机),但它采用的方法颇为不同:它把研发支持同上网电价补贴结合,后来又引入了碳税。

随着西班牙等国的跟进,风电行业开始进一步发展。公司现在有了开发大型转子和高装机容量机器的动力,所以新的涡轮机可以生产更多电力,由此也推动了产品销量的增加。随着时间的推移,风力涡轮机的成本大幅下降。风力发电的成本随之下降,

第十章 政府要扮演的角色

比如在丹麦，风电成本在 1987—2001 年下降了 50%。今天，丹麦约有一半的电力来自陆上和海上风电厂，同时它也是世界上最大的风力涡轮机出口国。

图 10-2 丹麦萨姆斯岛上的风力涡轮机

澄清一点：这些故事的重点并不是说太阳能和风能可以解决我们所有的电力需求。（它们是解决我们电力需求的两种方式，详见第四章。）重点在于，当我们同时聚焦于技术、政策和市场这三个要素时，我们就能鼓励创新，推动新公司的创立，快速把新产品推向市场。

任何旨在应对气候变化的计划都需要了解这三者是如何协同发挥作用的。在第十一章中，我将提出一个这样做的方法。

第十一章

零排放计划

2030 年实现减排目标的策略和实践路径。

2015年，我在参加巴黎气候变化大会时，禁不住想：我们真的能做到吗？

来自世界各地的领导人为应对气候变化而齐聚一堂，几乎每个国家都承诺削减碳排放，这的确是令人鼓舞的场景。然而，一项又一项的民调显示，气候变化是一个边缘政治问题（往好了说），我担心我们永远都不会有解决这一重大难题的意愿。

我很高兴地讲一点：公众在气候变化问题上的兴趣增长远远超出了我原本的预期。在过去几年里，关于气候变化的全球对话已经显著好转。由于世界各地的选民纷纷要求采取行动，所以各级政府的相关政治意愿呈不断强化趋势，各个城市和州也承诺大幅减少碳排放，以支持国家目标。在美国，各个城市和州致力于填补空缺的国家目标。

现在，我们需要把这些目标同实现它们的具体计划结合。举个例子，在微软创建初期，保罗·艾伦和我设立过一个目标——"让每张办公桌上和每个家庭中都有一台电脑"，然后在接下来的10年里，我们制订出具体的计划，并付诸行动。对于我们为微软设定的目标，人们起初都觉得我们疯了，因为这个目标实在太大了，但相比于我们为应对气候变化问题所要付出的努力，这根本算不上什么，因为后者是一项规模更加庞大的事业，涉及全世界的人和机构。

第十章讲述了政府在实现零排放目标上需要扮演的角色。在本章，我会提出一个如何才能避免气候灾难的计划，并把重点放在政府领导人和政策制定者可以采取的具体措施上。（要想了解下面所讲的各个要素的更多信息，请访问 breakthroughenergy.org。）在第十二章，我将阐述作为个体的我们该如何支持零排放计划。

我们需要以多快的速度实现零排放的目标？科学告诉我们，要想避免气候灾难，富裕国家应在2050年前实现净零排放。你可能听说过我们甚至还可以更快地实现深度"脱碳"——在2030年之前完成。

不幸的是，从我在本书所列的种种原因来看，2030年是不现实的。考虑到化石燃料在人类生活中的重要性，我们根本不可能在10年内广泛停用它们。

第十一章 零排放计划

在接下来的 10 年里,我们可以做的和需要做的就是采取相关政策,找到一条可以在 2050 年前实现深度"脱碳"的路径。

这里有一个根本的区别,尽管现在看起来并不是那么明显。"在 2030 年前减少排放"和"在 2050 年前实现零排放"的确会给人一种相辅相成的感觉。2030 年难道不是通往 2050 年途中的一站吗?

未必。若在 2030 年之前以错误的方式减少排放,那么它很有可能会阻碍我们实现净零排放的目标。

为什么?因为在 2030 年之前减少排放量和在 2050 年之前实现零排放是截然不同的两件事。这实际上是两条不同的路径,有着不同的成功衡量标准,所以我们必须在它们之间做出选择。为 2030 年设定目标确实很好,但前提是要让它成为里程碑——在 2050 年之前实现零排放道路上的里程碑。

我们来看看原因。如果只是打算在 2030 年之前减少一定量的碳排放,那么我们就会集中力量朝着这个目标努力,即使这些努力会使零排放的终极目标更难实现或根本无法实现。

举例来说,如果在 2030 年之前减少一定量的碳排放是衡量成功的唯一标准,那么燃气电厂取代燃煤电厂就会有相当大的诱惑力,毕竟这会减少二氧化碳排放量。但是,从现在开始到 2030 年建的所有燃气电厂,到 2050 年时仍会处于运营状态——它们需要运营数十年才能收回建设成本。再者,燃气电厂也会产生温室气体。如此一来，虽然我们可以实现 2030 年的目标，但要想实现零排放的目标，则几乎没有希望。

另外，如果 2030 年的减排目标是通往 2050 年零排放目标的里程碑，那么花费大量时间或金钱把燃煤电厂改成燃气电厂就没有多少意义了。相反，我们最好同时推进两个策略：第一，竭尽所能地提供便宜、可靠的"零碳"电力；第二，尽可能广泛地实现电气化——从交通工具到工业流程再到热泵在内的一切，即便是当前依赖化石燃料电力的地方也不例外。

如果我们认为唯一重要的事情是实现 2030 年的减排目标，那么这个方法将会走向失败，因为它在 10 年内的减排效果可能非常有限。我们着眼的是长期目标，我们需要在清洁电力的生产、存储和传输等方面实现突破，从而助力我们一步步接近零排放目标。

如果你想通过一把量尺测量哪些国家在气候变化问题上取得了进展、哪些没有取得进展，那你不仅要看其减排量，还要看其是否为自己设立了零排放的目标。与先前相比，尽管它们现在的减排量可能变化不大，但如果有着正确的减排路径，那么也是值得称赞的。

对于那些倡导设立 2030 年目标的人，我同意他们的一个观点：这是一项紧迫的任务。我们今天在气候变化问题上的处境，就跟多年前我们在大流行病问题上的处境一样。那时，卫生专家

第十一章 零排放计划

告诉我们,流行病的大规模暴发是不可避免的。尽管他们一再发出警告,但这个世界并没有做好充分的准备——突然之间它不得不手忙脚乱地去弥补错失的时间。我们不应在气候变化问题上再犯同样的错误。在2050年之前,我们需要实现众多突破,还要开发和部署新能源,所以必须马上行动起来。如果我们现在就采取行动,利用科学和创新的力量,同时制订有利于极端贫困人口的解决方案,那么我们在气候变化问题上就能避免重蹈疫情应对失误的覆辙。

创新和供求定律

正如我一开始就讲到的,任何全面的气候计划都必然涵盖众多不同学科。在经过前面各个章节的进一步论述之后,我希望这一点已经变得更加清晰。气候科学告诉我们的是,我们为什么要应对这个问题,而不是我们该如何应对这个问题。在如何应对方面,我们需要用到生物学、化学、物理学、政治学、经济学和工程学等学科。这并不是说每个人都需要了解每一门学科,就像保罗和我在最开始的时候也只是擅长市场营销、企业合作或政企合作一样。微软所需要的以及我们现在应对气候变化所需要的都是一种方法,在这种方法下,不同的学科会引领我们走上正确的道路。

在能源、软件及其他几乎所有领域，仅以严格的技术意义来定义创新是一种错误观念。创新并不仅仅是指新机器或新工艺的发明，它还包括与商业模式、供应链、市场和政策相关的新方法的提出，这些新方法有助于催生新发明，并将发明成果推广至全球。创新既是设备的创新，也是做事方式的创新。

基于所讲的这些附带条件，我把我的计划中不同的要素分为两个类别。如果你学过经济学基础课程，那么你就会比较熟悉这些类别：第一个类别涉及扩大创新供应（经过验证的新创意的数量），第二个类别涉及增加创新需求。这两个类别相互推动，协同共进。如果没有创新需求，发明者和政策制定者就不会有任何推陈出新的动机；如果没有稳定的创新供应，购买者就买不到这个世界为实现零排放所需要的绿色产品。

我知道这听起来像商学院的理论，但它实际上是非常实用的。盖茨基金会拯救生命的整套方法建立在这样一个理念之上，那就是我们需要推动创新，使其服务于贫困人口，同时增加创新需求。在微软，我们建立了一个专门从事研究的大型团队，而这也是我到现在都一直引以为豪的。他们的职责基本上就是扩大创新供应。我们还花了大量时间倾听客户心声，了解他们对我们的软件产品的需求反馈。这是创新的需求侧，它让我们获得了有助于调整研发努力的关键信息。

第十一章 零排放计划

扩大创新供应

扩大创新供应的第一步是经典研发,即由伟大的科学家和工程师构思我们所需要的技术。尽管我们现在已经有了很多具有成本竞争力的低碳解决方案,但就实现全球零排放而言,我们还未掌握所需的全部技术。在第四章到第九章,我提到了我们还需要的一些最重要的技术,为便于参考,我在这里重列一份清单(你可以在该清单的每一项技术前面加一个限定语——"便宜到中等收入国家也负担得起的")(见表11–1)。

为尽快获得这些技术并让它们发挥作用,政府需要做以下事情。

1. 未来10年将与清洁能源和气候相关的研发投入增加4倍。 在应对气候变化问题上,我们所能做的最重要的事情之一就是对研发活动进行直接公共投资,但政府在这方面的投入远远不够。整体来看,各国政府每年在清洁能源研发上的投入约为220亿美元,仅占全球经济规模的0.02%左右。美国人单月的汽油开支就超过了这个数额。作为当今世界最大的清洁能源研发投资国,美国每年的投入才70亿美元。

我们应该投入多少?我认为美国国立卫生研究院是一个很好的比较对象。年预算约为370亿美元的美国国立卫生研究院为美国人乃至全球所有人研发他们每天都依赖的救命药物和疗法。这

表 11-1　我们还需要的技术

"零碳"制氢工艺

可维持整个季度电力供应的电网级电力存储技术

电燃料

先进生物燃料

"零碳"水泥

"零碳"钢

植物基或细胞基肉制品和奶制品

"零碳"肥料

下一代核裂变

核聚变

碳捕获（直接空气捕获和排放点捕获）

地下电力传输

"零碳"塑料

地热能

抽水蓄能

热能存储

抗旱耐涝粮食作物

棕榈油的"零碳"替代品

不含氟化气体的冷却剂

是一个非常棒的模式，同时也为我们在应对气候变化问题上树立了一个典范——我们需要这样的雄心。将研发预算增加 4 倍，听起来像是很大一笔钱，但同这个挑战的规模比起来，它就相形见绌了。但这是一个强有力的信号，它能表明政府在这个问题上的

第十一章 零排放计划

重视程度。

2. 在高风险、高回报的研发项目上大力下注。这不仅仅是政府花多少钱的问题，政府把钱花在什么地方也很重要。

先前，政府因投资清洁能源而一直备受指责（需要提示的话，不妨查一查"索林德拉"），而政策制定者也不想让人觉得他们是在浪费纳税人的钱，这一点倒是可以理解。但这种对失败的忧虑让研发投资组合变得急功近利，政府倾向于投资更安全的项目，而这些项目原本可以由私人投资者投资，也应该由私人投资者投资。在研发领域，政府领导的真正价值在于，它可以冒险在那些可能失败以及可能不会立即带来回报的大胆创意上下注。这一点在科技企业上表现得尤为明显，正如第十章所讲的，由于风险太高，私人投资者并不愿意投资这类企业。

要想知道政府以正确方式大举下注的结果，就让我们来看看人类基因组计划。人类基因组计划是由美国能源部和美国国立卫生研究院主导的，英国、法国、德国、日本和中国共同参与的一项具有里程碑意义的研究计划，旨在绘制完整的人类基因图谱，并向公众公布结果。该计划历时 13 年，花费数十亿美元，但它为数十种遗传疾病的检测或疗法指明了新的方向，其中就包括遗传性结肠癌、阿尔茨海默病和家族性乳腺癌等。[1] 一项关于人类基因组计划的独立研究显示，联邦政府在该项目中每投入 1 美元，就能给美国经济带来 141 美元的回报。[2]

出于同样的原因，我们需要政府承诺为那些可以推动清洁能源科学发展的超大型项目提供资助（资助金额从数亿美元到数十亿美元不等），特别是我在前面列举的那些方法和技术。政府还需要承诺提供长期资助，这样研究人员就知道他们在未来几年里会得到稳定的支持。

3. 把研发同我们的最大需求结合。探索新颖科学概念的"蓝天研究"（bluesky research，又称"基础研究"）和推动运用科学发现的研究（即所谓的应用研究或转化研究）之间存在实质的区别。尽管它们之间存在不同，但这并不是说基础研究就不会给我们带来有用的商业产品。有些纯粹主义者认为把基础研究同商业联系起来是对基础研究的玷污，这是不对的。其实，就一些最好的发明来看，科学家在一开始研究的时候就想到了它们最终的用途。比如，路易·巴斯德开展的生物学研究就给我们带来了疫苗和巴氏杀菌法。在那些急需突破的领域，我们需要更多将基础研究和应用研究结合的政府项目。

在这方面，美国能源部的"射日计划"就是一个很好的例子。2011年，该计划的负责人定下了一个目标，那就是在10年内把太阳能电力的发电成本降到每千瓦时0.06美元。除了专注于早期阶段研发，项目团队还鼓励私人公司、高等院校和国家实验室集中力量削减太阳能电力系统的制造成本，打破官僚壁垒，以及降低太阳能电力系统的融资成本，等等。通过这一综合方法，"射日计划"项目团队在 2017 年实现了目标,比预定时间提前了 3 年。

4. 从一开始就与产业合作。这里还有一个人为的区分:早期阶段的创新是为了政府,后期阶段的创新是为了产业。事实并非如此,一个非常明显的例子就是我们在能源领域面临的重大技术挑战。对于任何一个创意,衡量其成功的最重要的标准就是看它能不能在全国乃至全世界得到推广应用。在早期阶段就与产业建立合作关系,有助于为创新项目招揽专业人才。政府和产业需要通力合作,共同克服障碍,并缩短创新周期。企业可以帮助制造原型产品,提供市场洞见,以及参与项目投资。另外,企业是技术成果商业化的主力,所以提早把它们引入创新项目是合乎情理的。

增加创新需求

与供应侧相比,需求侧的情况略微复杂一些,它实际上涉及两个阶段:验证阶段和规模化阶段。

当一种方法在实验室经过测试之后,还需要把它拿到市场上进行验证。在技术领域,这个验证阶段既快又便宜,不用太长时间,就能证明一款新的智能手机是否好用以及是否会对客户产生吸引力。但在能源领域,市场验证困难得多,相关成本也高昂得多。

你必须弄清楚在实验室里行之有效的方法在现实世界条件下

是否依然有效。（比如，你原本想用来生产生物燃料的农业废弃物的湿度远远超过了实验室所用的材料，那么它产生的能源可能就没有预期的那么多。）你还必须降低早期采用的成本和风险，建立供应链，测试商业模式，并帮助消费者适应新技术的运用。目前处于验证阶段的想法包括低碳水泥、下一代核裂变、碳捕获和封存、离岸风力发电、纤维素乙醇（一种先进生物燃料）和肉类替代品等。

验证阶段是一个"死亡之谷"——各种好想法的葬身之地。一般来说，对新产品进行测试并将其引入市场的过程所涉及的风险都非常大，投资者会被吓退。这一点在低碳技术上表现得尤为明显，因为它的开发需要规模庞大的资本，而且可能需要消费者从根本上改变先前的行为。

政府（以及大公司）可以帮助能源初创公司走出"死亡之谷"，因为它们本身都是消费大户。政府和大公司如果优先采购绿色产品，为初创公司创造确定性，同时帮助它们降低成本，那么就可以推动更多的产品走向市场。

运用采购权。 各级政府（国家政府、州政府和地方政府）均会购买数量庞大的燃料、水泥和钢，它们制造和使用飞机、卡车和汽车，还消耗数量庞大的电力资源。如此一来，在以较低的成本推广新兴技术方面，它们就占据了一个极佳位置；如果再把这些技术实现规模化后的社会效益考虑进去，那么这种优势就更明

第十一章 零排放计划

显了。国防部门可以承诺购买部分低碳液体燃料，供飞机和船舶使用；州政府可以在建筑项目中使用低排放的水泥和钢；公用事业公司可以投资能源的长时存储技术。

任何拥有采购决策权的官员都应该尽可能地采购绿色产品，同时还要知道如何计算第十章中讨论的那些外部成本。

顺便说一句，这其实并不是什么特别新的想法。早期的互联网就是以这种方式崛起的：当然，首先是利用了研发方面的公共资金投入，但另一端也有一个正在等待的承诺型消费者——美国政府。

出台有助于减少成本和降低风险的激励措施。 除了购买产品本身，政府还可以为私人投资者提供各种激励政策，鼓励他们采用绿色产品。税收减免、贷款担保及其他工具可以帮助降低绿色溢价，推动对新技术的需求。由于很多绿色产品在未来一段时间内会比较昂贵，所以潜在客户需要长期融资服务，同时也需要信心——源于一致的、可预测的政府政策的信心。

政府可以采取"零碳"政策，塑造市场为"低碳"项目融资的方式，进而发挥更大作用。下面是三项原则：一是政府政策应当是技术中立的（能使任何有助于减少排放的解决方案受益，而不仅仅是少数受欢迎的解决方案），二是政府政策应当是可预测的（而不是像现在常见的那样，一项政策动不动就到期，然后延期），三是政府政策应当是灵活的、有弹性的（这样一来，各种不同规模的公司和投资者就可以利用这些政策，而受益者将不再仅仅局限于支付高额联邦所得税的大企业）。

打造有助于将新技术推向市场的基础设施。如果基础设施一开始就不到位，那么即便是具有成本竞争力的低碳技术也无法抢占市场份额。各级政府需要帮助建设相应的基础设施，包括风电和太阳能电力的输送线路、电动车的充电站，以及捕获二氧化碳和氢的管道等。

改变规则，为新技术的竞争创造条件。在基础设施建成后，我们需要建立新的市场规则，以增强新技术的竞争力。针对20世纪的技术设计的电力市场，通常会让21世纪的技术处于不利地位。比如，在大多数市场，投资长时存储技术的公用事业公司并没有因为它们在电网方面的贡献而获得合理补偿。现行监管规则使得先进生物燃料难以广泛应用于小汽车和卡车。另外，正如第十章中提到的，由于过时的政府规则，某些新类型的低碳混凝土无法参与市场竞争。

到目前为止，我在本章主要讲的是技术的开发阶段——鼓励开发能源突破技术的政策以及鼓励采用这些技术的政策。现在，让我们把内容转向技术的规模化阶段——快速、大规模的技术部署。只有在技术成本已经降到足够低，供应链和商业模式已经非常完善，而且消费者已经表现购买意愿的时候，才能到达这个阶段。陆上风电、太阳能和电动车目前都处于规模化阶段。

但实现规模化并非易事。在短短几十年里,我们需要增加至少两倍的电力供应,其中大多数将来自风能、太阳能和其他形式的清洁能源。在供应充裕的情况下,我们需要尽快采用电动车,就像当年我们购买烘干机和彩色电视机一样。我们需要转变生产和制造及种植和养殖方式,同时继续建造和提供人人依赖的道路、桥梁和食物。

幸运的是,我在第十章提到过,在推动能源技术规模化方面,我们并不是门外汉。通过结合政策和创新,美国推动了乡村的电力发展计划,扩大了国内化石燃料的产量。对于其中的一些政策,比如给予石油公司的税收优惠政策,你可能会认为这是对化石燃料进行补贴,实际上,在部署我们认为有价值的技术方面,它们是非常有效的工具。要知道,直到20世纪70年代末,气候变化这个概念才首次被引入国家层面的辩论,而在此之前,人们普遍认为提高生活质量和促进经济发展的最佳方式是扩大化石燃料的使用。现在,我们可以从化石燃料的目标性增长中吸取教训,然后应用清洁能源。

如何实践呢?

第一,给碳定价。无论是实施碳税还是推行碳排放总量限制及交易系统(公司可通过该系统买卖碳排放权),为碳排放定价是我们在消除绿色溢价方面可以做的最重要的事情之一。

短期来看,碳价的价值在于通过提高化石燃料的成本,向市场表明那些排放温室气体的产品是有额外成本的。至于碳价收益的用途,并不及碳价本身所传递的市场信号重要。很多经济学家认为,这笔钱可以返还消费者或企业,以覆盖能源价格上涨所产生的成本,但也有一种强有力的观点认为,它应该被用于技术研发和其他激励措施,以帮助解决气候变化问题。

长远来看,随着我们越来越接近净零排放,碳价可以根据直接空气捕获的成本来设定,收益则可以用来支付从空气中捕获碳的费用。

尽管这会从根本上改变我们所认为的商品定价方式,但碳价的概念已经被许多学派的、有着不同政治立场的经济学家接受。然而,在美国或其他国家,无论是从技术上还是从政治上来讲,要把这件事情做好都是很难的。人们会愿意为汽油和生活中其他所有涉及温室气体排放的产品支付更高的价格吗?要知道,这加起来可是一笔高额支出。我不打算在这里就相关解决方案给出一个"处方",但核心目标是,确保每一个人都担起责任,为其碳排放支付应有的价格。

第二,采用清洁电力标准。美国的29个州和欧盟已经采用了一种被称为"可再生能源组合标准"的绩效制度,其理念是要求电力公用事业公司通过可再生能源获取一定比例的电力。这是一种富有弹性的市场机制,比如,生产可再生能源电力多的公用事业公司可以向生产少的公司出售碳排放配额。但这一方法在实施中存在问题：它规定公用事业公司只能利用某些经批准的低碳技术（风力发电、太阳能发电、地热能发电，有时也包括水力发电），核电和碳捕获等选项则被排除在外。这实际上提高了减排的总体成本。

在美国，目前越来越多的州正考虑采用另外一个更好的方法——清洁电力标准。这个标准并没有特别强调可再生能源，在达标问题上，它允许公用事业公司采用包括核电和碳捕获在内的任何清洁技术。由此来看，这是一个富有弹性的、具有成本效益的方法。

第三，采用清洁燃料标准。这里的理念是：富有弹性的绩效标准也可以应用于其他部门，以减少汽车、建筑物和发电厂的碳排放。比如，一项应用于交通运输部门的清洁燃料标准会加快电动车、先进生物燃料、电燃料和其他低碳解决方案的部署。像清洁电力标准一样，清洁燃料标准也将是技术中立的，同时允许受监管实体交易碳排放配额，而这两者都有助于降低消费者的成本负担。加利福尼亚已经出台《低碳燃料标准》，在这方面树立了典范。美国已经有了制定此类政策的底本——《可再生燃料标准》。在此基础上，我们可以通过内容修订，解决第十章提到的局限性问题，同时包括其他低碳解决方案，比如电力和电燃料等。如此一来，它就会成为解决气候变化问题强有力的工具。欧盟的《可再生能源指令》也为欧洲提供了一个类似的机遇。

第四，采用清洁产品标准。绩效标准还可以帮助加快低排放的水泥、钢和塑料以及其他碳密集型产品的部署。政府可以通过设定采购标准、创建标识项目等方式，向所有购买者提供有关供应商"清洁"程度的信息，并以此启动清洁产品标准。然后，我们可以将市场上所有在售的碳密集型产品纳入标准，而不再仅仅局限于政府采购的物品。进口商品也必须符合标准，这一规定将有助于消除出口国的后顾之忧：制造部门的减排行动会增加产品成本，从而使得它们在竞争中处于不利地位。

第五，淘汰旧事物。除了快速部署新技术，政府还需要尽快淘汰效率低下的、以化石燃料为动力的设施或设备——无论是发电厂还是汽车。发电厂的建设成本高昂，而它们生产的能源的价格却很低，这是因为它们的建设成本被分摊到了能源的整个生命周期之中。由此，公用事业公司及其监管机构并不愿意关闭那些运营良好且还能正常运营数十年之久的发电厂。建立在政策基础之上的激励措施，比如通过税法或公用事业法规等手段，可以加快这一淘汰进程。

谁先行动？

对于我概述的这种计划，没有任何一个单一的政府机构可以全面实施，政府决策权实在是太分散了。我们需要各级政府统一行动起来——从地方的交通运输规划部门到全国立法机关和环境监管机构。

尽管具体计划会因国家的不同而不同，但在这里，我想谈一谈目前大多数地方都会遇到的常见问题。

地方政府在决定建筑物如何建造以及可以使用什么类型的能源等方面发挥着重要作用，比如是否采购电动公交车和电动警车、是否为电动车建造充电基础设施，以及如何管理废弃物，等等。

大多数州政府或省政府在电力监管、道路和桥梁等基础设施规划、基础设施项目建筑材料使用要求等方面发挥着关键作用。

一般来说，国家政府对跨越州界或国界的活动拥有决策权，所以它们制定可塑造电力市场的规则，出台污染法规，并为车辆和燃料设立标准。它们还拥有极大的采购权，是财政激励措施的主要源头，而且资助的公共研发项目通常多于其他任何一级政府。

简而言之，任何国家政府都需要做三件事情。

第一，将零排放定为目标：富裕国家在2050年之前实现零排放，中等收入国家在2050年之后尽快实现零排放。

第二，为实现这些目标制订具体计划。要想在2050年之前实现零排放目标，需要在2030年之前确定政策和市场结构。

第三，任何有能力为能源研发项目提供资助的国家都要确保项目的目的是生产可负担的清洁能源，即竭尽所能地降低绿色溢价，让中等收入国家有能力实现零排放的目标。

关于各级政府是如何协同工作的，我们来看看美国加快创新的"全政府"模式。

联邦政府

在推动能源创新供应方面，美国政府所做的努力有目共睹。它是能源研究与开发的最大资助者和执行者，参与研究的联邦机构达12家之多（到目前为止，能源部所占资金比重最大）。它拥有管理能源研发方向及速度的各种工具：研究补助金、贷款项目、税收激励、实验室设施、试点项目、政府和私人投资者合作等。

联邦政府在推动绿色产品和政策需求方面也发挥着关键作用。它为州政府和地方政府修建的道路和桥梁提供资助，对跨州基础设施（如输电线路、管道和高速公路等）进行监管，同时帮助制定州与州之间的电力及燃料市场的规则。再者，联邦政府征收的税最多，这也意味着联邦财政激励措施将是推动变革最有效的工具。

在推动新技术规模化方面，联邦政府发挥着其他任何机构都无法比拟的重要作用。它监管州与州之间的商业活动，同时在国际贸易和国际投资政策方面掌握着最重要的决策权，这意味我们

第十一章 零排放计划

需要联邦政策来降低超越州界或超越国界的排放源。（根据《经济学人》的数据，如果把美国消费的、产自世界其他地区的所有产品计算在内，那么美国的排放量将增加8%。就此而言，英国的排放量将增加约40%。）尽管州级政府都应该采用碳定价政策、清洁电力标准、清洁燃料标准和清洁产品标准，但如果把这些政策和标准上升到国家层面，那么实施起来会更有效力。

在实践中，这意味着国会需要为研发项目、政府采购和基础设施建设提供资金，还需要为绿色政策及产品制定或修改财政激励措施，或延长这些措施的有效期。

与此同时，在行政部门，能源部需要开展自有项目研发，同时资助其他机构的研究项目；在实施联邦清洁电力标准方面，它将发挥关键作用。环境保护局将负责设计和实施扩大的清洁燃料标准。负责监督管理电力批发市场以及州际输电线路和管道项目的联邦能源管理委员会将需要对计划中的基础设施和市场要素进行监管。

这份清单还可以继续罗列。农业部开展土地利用和农业排放的关键研究，国防部采购先进的低排放燃料和材料，国家科学基金会资助研究项目，交通运输部为道路和桥梁建设提供资助，等等。

最后，我们来看看如何为这项致力于实现零排放的行动计划融资。实现零排放这个目标到底需要花费多少资金，我们无法给出准确数字。作为一项长期任务，这取决于创新的成功率、创新的速度和创新的部署效力，但不管怎么说，这都是一笔规模极其庞大的投资。

幸运的是，美国有着成熟的、富有创造性的资本市场，可以抓住伟大的想法，然后迅速开发和部署。我在前文已经提出了一些建议，比如联邦政府可以帮助推动资本市场朝正确的方向发展，并以新的方式同私人投资者合作。其他国家（如中国、印度及很多欧盟成员国等）虽然没有如此强大的私人市场，但仍可以为气候变化项目进行大规模公共投资。世界银行以及亚洲、非洲和欧洲的开发银行等多边银行机构也在寻求更多的参与渠道。

这里有两点是明确的。第一，为实现零排放目标以及为适应我们已知的、即将到来的气候变化灾害所投入的资金，累计的金额是非常庞大的，而且是长期投入。在我看来，这意味着政府和多边银行需要找到更好的方式利用私人资本，仅靠它们自己金库里的钱远远不够。

第二，气候变化项目需要长期投资，而且风险很高。所以，公共部门应该利用其财力延长投资期限——这反映了可能很多年都不会看到投资回报这个事实，同时降低这些投资的风险。如何将庞大的公共和私人资本结合起来，这个问题非常棘手，但也极为必要。我们需要融资领域最强的头脑来解决这个问题。

第十一章 零排放计划

州政府

在美国,很多州已经率先采取行动。24个州和波多黎各已经加入了跨党派的美国气候联盟,承诺按照《巴黎协定》的目标,到2025年,将温室气体排放量在2005年的水平上至少削减26%。虽然这远未达到我们所需要的全美减排量,但至少已经行动起来。在展示创新技术和创新政策方面,州政府扮演着至关重要的角色,比如它们可以利用公用事业和道路建设项目将长时存储和低排放水泥等技术推向市场。

在全美统一实施碳定价、清洁电力标准和清洁燃料标准等政策之前,州政府也可以先行试点。它们还可以结成地区联盟,比如加利福尼亚州和其他西部州正考虑把它们的电网连到一起,而东北部的一些州已经在实施碳排放总量限制及交易计划,致力于减少碳排放。美国气候联盟及其加盟城市占美国经济规模的60%以上,这意味着它们拥有创建市场的非凡能力,同时表明我们可以推动实现新技术的规模化。

州立法机关将负责通过州级的碳定价系统、清洁能源标准和清洁燃料标准。它们还将指示州立机构及州立公用事业委员会或公共服务委员会更改采购政策,优先购买先进的低排放技术。

州立机构负责推动实现州立法机关和州长定下的目标。它们监督能源效率和建筑相关政策,管理州级交通运输相关政策及投资,执行污染标准,并监管农业及其他用地。

万一有一天有人走到你面前问:"在应对气候变化问题上,哪家机构的影响力最容易被低估?"对你来说,最好的答案可能是"我们州的公用事业委员会"或"我们州的公共服务委员会"。(该机构名称因州而异。)虽然大多数人可能从未听说过公用事业委员会或公共服务委员会,但美国的很多电力相关法规都由它们负责。比如,电力公用事业公司提出的投资计划由它们来审批,消费者支付的电价由它们来确定。随着电力在我们的能源需求中所占比重越来越大,它们只会变得更加重要。

地方政府

美国和世界各地的市长正致力于减少碳排放。美国12个主要城市已经确立到2050年实现"碳中和"的目标,另有超过300个城市承诺实现《巴黎协定》的目标。

虽然城市在减排问题上的影响力赶不上州政府和联邦政府,但它们并非无能为力。比如,虽然它们不能设定机动车排放标准,但可以购买电动车,可以资助建设电动车充电站,可以利用土地使用分区法来提高城市人口密度、减少人们的通勤时间,甚至还可以限制以化石燃料为动力的车辆上路,等等。它们也可以出台绿色建筑政策,推动实现车辆的电气化,制定采购指导原则,以

第十一章 零排放计划

及为市政建筑物设定能效标准，等等。

有些城市，如西雅图、纳什维尔和奥斯汀等，拥有自己的市政公用事业公司，可以监督电力是否来自清洁能源。这类城市还允许在城市土地上开展清洁能源项目。

市议会可以像州立法机关或美国国会那样采取行动，为气候政策优先事项提供资助，并要求当地政府机构行动起来。

同州立机构和联邦机构一样，地方机构也负责监督各种政策优先事项。建筑部门执行能效标准要求；交通运输部门可以推动实现电气化，亦可对道路和桥梁所使用材料施加影响；垃圾管理部门运营着数量庞大的车队，而且可以影响垃圾填埋场的碳排放。

让我们回到联邦层面讨论最后一点：富裕国家如何帮助消除搭便车的问题。

零排放的实现不是免费的，这是一个无论如何都无法掩饰的事实。我们必须在研发上投入更多资金，而且需要通过政策来推动市场朝着有利于清洁能源产品的方向发展。要知道，目前清洁能源产品的成本高于产生温室气体的同类产品的成本。

但以提高当前成本来换取日后更好的气候条件并非易事。绿色溢价已经成为很多国家（特别是中低收入国家）拒绝削减碳排放的重要原因。在世界各地，这样的例子不胜枚举：在加拿大、菲律宾、巴西、澳大利亚和法国等国家，民众通过选举投票或其他方式明确表示，他们不愿意为汽油、取暖油和其他基本生活用品支付更高的费用。

问题并不是这些国家的人想让天气变得越来越热，他们担心的是气候变化解决方案会让他们付出多大代价。

那么我们该如何解决这个搭便车的问题呢？

方法之一是设定雄心勃勃的目标，并致力于实现这些目标，就像2015年世界各国在《巴黎协定》上所做的努力一样。嘲讽国际协定很容易，但它们的确是推动进步的一部分：如果你庆幸现在还有臭氧层，那么你可以感谢《蒙特利尔议定书》。

一旦设定了这些目标，《联合国气候变化框架公约》第21次缔约方大会之类的论坛就会把世界各国聚集起来，让各国报告行动进展，并分享切实可行的做法。作为一种机制，国际协定推动国家政府担起其所应承担的责任。当世界各国政府就减排的价值达成一致意见后，那么对任何一个国家来讲，它都很难再以局外人的心态说"我不在乎，我就是要继续排放温室气体"。当然，正如我们所看到的，这种情况也不是不可能发生。

对于那些拒绝合作的国家，我们该怎么办呢？众所周知，在碳排放这类问题上，要让一个国家切实担起责任非常难，但我们也不是一点儿办法都没有。比如，实施碳定价政策的政府可以设立"边境调整税"，确保产品价格中包含碳价，无论这种产品是产自国内还是从国外进口的。（它们还需要为来自低收入国家的产品

第十一章 零排放计划

留出配额,因为那些国家的首要任务是推动经济增长,而不是减少原本就非常少的碳排放量。)

即便是那些没有设立碳税的国家也可以明确表示,它们不会同任何不以减少温室气体排放为首要任务且不采取任何减排政策的国家签署贸易协定,也不会加入有这类国家参与的多边伙伴关系协定(同样,要在这方面为低收入国家留出配额)。其实,各国政府之间可以相互表示:"你如果想跟我们做生意,那么就必须严肃对待气候变化问题。"

最后,我认为最重要的一点是我们必须降低绿色溢价。要想降低中低收入国家的减排难度并最终实现零排放的目标,这是唯一的路径。只有富裕国家,特别是美国、日本和欧洲国家率先行动起来,绿色溢价才有可能降下来。毕竟,世界上的大多数创新成果都来自这些国家。

特别重要的一点是,降低全世界的绿色溢价并不是一项慈善事业。美国等国家不应仅仅将清洁能源研发投资视为对世界其他国家的支持,它们也应该把这看作实现科学突破的机会,而这些科学突破将会催生由大型初创公司组成的新产业群,它们在创造就业机会的同时也会减少温室气体的排放量。

不妨想一想美国国立卫生研究院资助的医学研究给我们带来的种种好处。美国国立卫生研究院发布的科研结果的确惠及世界各地的科学家，其所资助的科研项目也提升了美国大学的科研实力，反过来，这些大学又推动了初创公司和大公司的创立与发展。结果就是：美国先进医疗技术的出口不仅在国内创造了大量高薪工作岗位，而且拯救了世界各地的人的生命。

技术领域也存在类似的情况：美国国防部的早期投资不仅催生了互联网，也催生了驱动个人电脑革命的微芯片。

同样的事情也会发生在清洁能源领域。规模高达数十亿美元的市场正等待人们去发明低成本、低排放的水泥或钢，或净零排放的液体燃料。正如我一再提到的，实现这些突破并将它们推广到世界各地非常难，但机遇如此巨大，值得我们去努力，并走到世界前列。总会有人发明这些技术，这无非是一个由谁发明以及什么时候发明的问题。

从地方层面到国家层面，个人在推动气候变化议事议程方面也可以做出很多贡献。我们将在第十二章，也就是最后一章讨论这个问题。

第十二章

我们每个人的责任

作为一个公民、消费者、雇员或雇主,你可以发挥自己的影响力。

在面对气候变化这种规模庞大的问题时，我们很容易产生一种无力感。但你并不是真的无能为力。你不成为政治家或慈善家，也一样能有所作为。作为一个公民、消费者、雇员或雇主，你可以发挥自己的影响力。

作为公民

当你问自己怎样才能减缓气候变化时，你会很自然地想到要开电动车或少吃肉之类的事情。这类个人行为很重要，因为它们会向市场传递信号——我会在下一节详细讲述这一内容，但更多的碳排放来自我们日常生活所处的大系统。

早上想吃烤面包片时，我们需要一个不会向大气中排放温室气体但又可以提供面包、烤面包机以及为烤面包机供应电力的系统。我们不能因为要解决气候问题就告诉人们不要吃烤面包片。

要把这样一个新能源系统落实到位，需要协调一致的政治行动。在帮助避免气候灾难问题上，参与政治进程是各行各业的人所能采取的最重要的行动，原因就在这里。

根据我自己跟政客打交道的经历，在这里，我有必要提醒一点：气候变化并不是他们唯一关注的事项。政府领导人还关注着教育、就业、医疗保健、外交政策以及近期的新冠肺炎疫情，他们也应该这样做——这些事情都需要关注。

但政策制定者一次所能处理的事情有限，他们会根据选民的呼声决定做什么以及优先做什么。

换句话说，如果选民提出要求，民选官员将会采取应对气候变化的具体计划。多亏有世界各地的活动人士，我们不必再提出要求——数百万人已呼吁采取行动，我们要做的就是把这些行动呼吁转化为压力，促使政客做出艰难选择和必要取舍，以兑现他们的减排承诺。

无论你有没有其他资源，你都可以用你的呼声和选票来影响和促成改变。

打电话、写信、参加市民会议。你要做的就是让政府领导人认识到，对他们来说，关注气候变化这一长期问题和关注就业、

第十二章 我们每个人的责任

教育或医疗保健等问题同等重要。

尽管听起来有些老套，但给民选官员写信或打电话能产生实实在在的影响。参议员和众议员办公室经常会向他们提交选民舆情报告。但你不要简单地说"为气候变化做点儿事吧"，要知道他们的立场、问他们问题，并明确表示他们对这个问题的答复将决定你的投票结果。你应该要求为清洁能源研发提供更多资助，要求出台清洁能源标准，要求实施碳定价政策或第十一章提到的其他任何政策。

放眼全国的同时也要着眼本地。很多相关决定都是在州级或地方级由州长、市长、州立法机关和市议会做出的，而公民个人在这些地方所产生的影响大于在联邦层面产生的影响。比如，在美国，电力部门主要由州级公用事业委员会监管，而委员会成员要么是选举产生的，要么是任命的。要知道你的代表是谁，并跟他们保持联系。

竞选公职。竞选国会议员过于苛求，但你不必从那里开始。你可以竞选州级或地方级的公职，在这些职位上，你同样可以发挥更大的影响力。我们需要集聚政府部门所有的政策智慧、勇气和创造力。

作为消费者

市场是由供求关系决定的，作为消费者，你对这个等式的需求侧有巨大影响。如果所有人都在物品的购买及使用上做出个人的改变，那么就会聚沙成塔，最终促成有意义的改变。如果你有能力安装智能恒温器（当你不在家的时候，它会自动降低能源消耗），那么就一定要安装。这不仅可以减少你的公用事业账单支出，还会减少温室气体排放量。

但减少你自己的排放量并不是你所能做的最强有力的事情。你也可以向市场传递信号，表明人们想要"零碳"替代品，并愿意为它们付费。当你多花钱购买电动车、热泵或植物基人造肉汉堡时，你就是在说"这种商品是有市场的，我们会买的"。如果有足够多的人传递了同样的信号，那么公司就会做出回应，而且从我的经验来看，这种回应会很快做出。它们会把更多资金和时间用于生产低排放产品，这将会推动同类产品价格的下降，并有助于它们被大规模采用。另外，这会让投资者更有信心资助那些正在研发突破技术、帮助世界实现零排放的新公司。

如果没有消费者的需求信号，政府和企业投资的创新成果将会被束之高阁，或者，它们一开始就不会得到开发，因为缺乏相应的经济刺激。

以下是你可以采取的一些具体步骤。

第一，与电力公用事业公司签署绿色定价计划。有些公用事业公司允许家庭和企业为清洁能源电力支付额外费用。在美国的13个州，公用事业公司需要提供这一选项。（想要知道你所在的州是否已经推出绿色定价计划，可登录气候与能源解决方案中心网站查看，http://www.c2es.org/document/green-pricing-programs。）参加绿色定价计划的客户会在电费账单中支付一笔溢价，用以覆盖可再生能源的额外成本。平均来看，每千瓦时需多支付一两美分，对一个典型的美国家庭来说，每月多支付9~18美元。参加绿色定价计划就相当于对公用事业公司说，你愿意支付更多费用帮助解决气候变化问题。这是一个重要的市场信号。

但这些计划并不能抵消碳排放，也不会显著增加电网中的可再生能源电量。唯有政府政策和投资增长可以解决这些问题。

第二，减少家中的碳排放量。根据个人资金情况和时间安排，你可以把家中的白炽灯换成LED（发光二极管）照明灯具，安装智能恒温器，对窗户进行保温隔热处理，购买高能效电器，或将取暖和制冷系统更换为热泵（只要你所在地区的气候条件适于热泵运行即可）。如果你目前租住房子，那么你可以在自己的控制范围内做一些改变，比如更换白炽灯等，然后劝说房东进行其他节能减排改造。如果你正在建新房或装修旧房，你可以选用再生钢材，并通过结构绝缘板、保温混凝土模板、阁楼或屋顶辐射屏障、反射隔热板和基础隔热板等材料提高住宅能效。

第三，购买电动车。就成本和性能而言，电动车已经取得长足进展。虽然它们并不适合每一个人（电动车不太适用于长途旅行，也不是人人都有条件在家中充电），但对大部分消费者来说，它们正变得越来越便宜。这是消费者行为可以产生巨大影响的领域之一：如果人们购买更多的电动车，那么公司就会生产更多的电动车。

第四，尝试植物基人造肉汉堡。 我承认素食汉堡并不总是很好吃，但新一代植物基蛋白汉堡无论是在味道上还是在肉的质感上，都较先前产品有了极大改善。你可以在很多餐厅、食品商店甚至快餐连锁店买到植物基汉堡。购买这类产品会传递一个明确信息：生产植物基汉堡是一项明智的投资。另外，每周吃一两次肉类替代品（或者干脆不吃肉）会减少你所造成的碳排放量。奶制品也是同样的道理。

作为雇员或雇主

作为雇员或股东，你可以推动公司履行减排责任。当然，在很多领域，大公司都发挥着最大的影响力，不过小公司也可以做很多事情，并且如果它们通过当地商会等组织联合起来，共同采取行动，那么作用会更明显。

事情有易有难，即便是容易做的事也很重要，比如，无论是从环境还是从政治角度看，通过植树来抵消排放都是一件好事。它展现了你对气候变化的关注。

但只做容易的事并不能解决问题。私人投资者也要勇于向前，

第十二章 我们每个人的责任

知难而进。

首先，这意味着要承担更高的风险，比如，为有可能失败但也有可能推动实现清洁能源突破的项目提供融资支持。股东和董事会成员必须愿意分担这一风险，并明确向管理层表示他们支持明智的投资，即便这些投资会以失败告终。公司及其领导者需要获得奖励，因为他们下注的投资可能会帮助我们更好地应对气候变化问题。

其次，公司之间也可以相互合作，共同识别和努力解决最难克服的气候挑战。这意味着要找出那些最大绿色溢价，然后不遗余力地把它们降下来。就私人投资者而言，如果世界上最大的材料产品（钢或水泥等）用户能够联合起来，要求提供更清洁的替代产品，并承诺投资产品生产所需的基础设施，那么这就能加快相关领域的研发速度，推动市场朝正确的方向发展。

最后，私人投资者可以倡导解决重大挑战，比如，同意利用自身资源开发市场，要求政府设立有助于推动新技术成功的监管框架，等等。政府领导人是否在关注最大的排放源和最难克服的技术挑战？他们是否在谈论电网级的能源存储技术、电燃料、核聚变、碳捕获以及"零碳"钢和水泥？如果答案是否定的，那么到2050年，他们将无法帮我们实现零排放的目标。

以下是私人投资者可以采取的一些具体步骤。

第一，设立内部碳税。现在一些大公司已经在内部实施碳税政策，这些公司在减排问题上并没有敷衍了事，而是落到了实实在在的行动上。它们帮助产品从实验室走向市场，因为内部碳税收入会直接流入那些有助于降低绿色溢价以及有助于创建清洁能源产品市场的活动，而这些能源产品正是它们自己所需要的。雇员、投资者和客户可以联合倡导这种做法，为负责实施该项行动的高管提供支持。

第二，优先开发创新型低碳解决方案。投资新创意原本是大多数行业的骄傲所在，但企业研发的光辉岁月已经一去不复返。平均来看，目前航空航天、材料和能源等行业领域的公司，研发投入占营业收入的比例不到5%。（软件公司的研发投入占营业收入的比例高达15%。）公司应该重新开始重视研发工作，特别是低碳创新活动，因为其中的很多创新都需要长期投入。大型公司可以与政府研究机构建立合作关系，将实践中的商业经验引入研发活动。

第三，做早期采用者。同政府一样，企业也可以通过大规模的产品采购加快新技术的采用进程，包括建立由电动车组成的公司车队，购买低碳材料用以建造或装修公司办公楼，承诺使用一定数量的清洁电力，等等。世界范围内，很多公司已经承诺在运营中广泛使用可再生能源电力，包括微软、谷歌、亚马逊和迪士尼等。航运公司马士基已表示到2050年将净排放量降低为零。

即便这些承诺很难实现，但至少它们向市场发出了重要信号，表明开发"零碳"技术的价值。在看到这些需求后，创新者就会知道有一个市场正等着购买他们的产品。

第四，参与政策制定进程。企业不要害怕跟政府合作，就像政府不应该害怕跟企业合作一样。企业应该倡导实现零排放，并为那些有助于实现零排放的基础科学研究和应用研发项目提供资金支持。鉴于企业研发投入在过去几十年里不断下降，这一点就显得尤为重要。

第五，与政府资助的研究项目建立联系。企业应该为政府的研发项目提供建议，使其基础研究和应用研究集中在那些最有可能转化为产品的创意上。（一个项目有没有可能成功，心里最清楚的莫过于那些整天研发和营销产品的公司了。）加入行业顾问委员会和参与项目规划活动，是影响政府研发项目的低成本方式。

企业也可以通过成本分摊协议和联合研究计划等方式为研发项目提供资助，即推动燃气涡轮机和先进柴油引擎研发成功的那种公私协作模式。

第六，帮助早期创新者穿过"死亡之谷"。很多研究人员从未把他们富有前景的创意转化为产品，因为这个过程充满了风险，而且成本高昂。老牌企业可以伸出援助之手，通过提供测试设施及成本指标等数据，助力他们走向成功。如果企业想多出一把力，那么它们还可以为创业者提供创业基金和孵化项目，投资新技术、设立专注于低碳创新的事业部，以及为新型低排放项目提供融资支持。

最后一个想法

不幸的是，气候变化对话已经呈现毫无必要的极化趋势，更不用说笼罩在该话题之上的那些相互冲突的信息和令人费解的报道了。我们需要就气候变化议题开展更具思想性和建设性的对话，最重要的是，我们要把重点放在那些有助于推动实现零排放的切实可行的具体计划上。

我真希望有一种神奇的发明，能把气候变化对话转到更富有成效的方向上。当然，这样的装置并不存在。相反，决定权掌握在我们每个人手里。

我希望，我们可以通过跟我们生活中的人（家人、朋友和领导等）分享事实来改变这种对话局面。我们要分享的不仅仅是那些告诉我们为什么要采取行动的事实，还有那些向我们展示我们的行动将为这个世界带来最大利益的事实。而我撰写本书的目的之一就是激发更多富有成效的对话。

我也希望我们可以团结一致，共同支持那些弥合政治分歧的计划。正如我试图表明的，这听起来似乎很幼稚，实则不然。就应对气候变化的有效解决方案而言，没有任何一方处于市场垄断地位。无论你是私人投资者、政府干预、行动主义这三者当中谁的信仰者，还是它们之中某种组合的信仰者，你总会有自己支持的想法。对于那些你不会支持的想法，你可能会有很多话不吐不

第十二章 我们每个人的责任

快,这是可以理解的。但我希望你把更多的时间和精力花在你所支持的而不是你所反对的事务上。

面对气候变化的威胁,我们难以对未来抱有希望。但正如我的朋友、已故的全球健康倡导者和教育家汉斯·罗斯林在其超级棒的《事实》(Factfulness)一书中所写的:"当我们有了立于事实的世界观时,我们就会发现这个世界并没有它看上去的那么糟糕,而且我们会知道怎样做才能让这个世界不断变好。"[1]

当我们有了立于事实的气候变化观时,我们就会发现自己已经掌握了一些有助于避免气候灾难的工具,但并不是全部。我们会发现是什么在阻碍我们部署已有的解决方案,以及是什么在阻碍我们开发所需的突破技术。我们还会发现我们怎样做才能克服所有障碍。

我是一个乐观主义者,因为我知道技术的力量,也因为我知道人类的力量。在解决气候变化问题上,我为我所见的热情而备感鼓舞,特别是年轻人身上的热情。如果我们继续着眼于零排放这个宏大目标,并为实现这个目标而认真制订计划,那么我们是可以避免气候灾难的。我们可以让气候维持在人人都可以承受的范围内,我们可以帮助数亿贫困人口过上更好的生活,我们可以为子孙后代保护好这个星球。

后记

气候变化和新型冠状病毒肺炎

我是在一个动荡的年尾写完本书的,而在最近的记忆中,这也是最动荡的一年。2020 年 11 月,也就是在我撰写后记的时候,新冠肺炎已经造成全球超过 140 万人死亡,并进入下一轮的病例和死亡高峰段。这场疫情改变了我们的工作、生活和社交方式。

与此同时,在气候变化问题上,2020 年也为我们带来了保持希望的新理由。在拜登当选总统后,美国已经做好了在这一议题上重新发挥领导作用的准备。中国宣布了要在 2060 年前力争实现"碳中和"的宏伟目标。2021 年,联合国将在苏格兰举办另一场重大的气候变化峰会。当然,这些都不能保证我们取得进展,但机会是存在的。

2021 年,我预计会花很多时间同世界各地领导人讨论气候变化和新冠肺炎疫情。我会向他们表明，这场疫情的很多教训，以及指导我们采取行动的价值观和原则，也适用于气候变化问题。尽管前文已经讲过，但我在这里还是要总结一下。

首先，我们需要国际合作。"我们必须共同努力"这句话很容易被斥为陈词滥调，但事实就是事实。当政府、研究人员和制药公司联合起来共同应对新冠肺炎时，这个世界就取得了显著的进展，比如，疫苗的研发和测试速度均创下纪录。而当我们不相互学习，反而妖魔化其他国家，或拒绝佩戴口罩、拒绝保持社交距离以减缓病毒传播时，我们就延长了苦难的持续时间。

气候变化也是如此。如果富裕国家只想着降低自己的排放量，而不是致力于让每个人都切实用上清洁技术，那么我们永远都不会实现零排放的目标。从这个意义来讲，帮助他人并不仅仅是一种利他主义行为，也是为了维护我们自己的利益。我们都有实现零排放的理由，也都有帮助他人实现零排放的理由。除非印度的排放量停止增长，否则得克萨斯州的气温不会停止上升。

其次，我们需要让科学（实际上是很多不同门类的科学）来指导我们的努力方向。就新冠肺炎而言，我们要用到生物学、病毒学和药物学，以及政治学和经济学——决定如何公平地分配疫苗本质上就是一种政治行为。就像流行病学会告诉我们新冠肺炎的危险但不会告诉我们如何阻止它一样，气候科学会告诉我们为什么需要转变方向，但不会告诉我们如何转变方向。因此，我们

后记

需要利用工程学、物理学、环境科学、经济学及其他多门科学来应对气候变化。

再次,我们的解决方案应当满足受冲击最严重的人口的需求。就新冠肺炎而言,受罪最多的是那些可选项(比如可不可以选择在家办公或者请假照顾他们的亲人等)最少的人。而其中大多数是有色人种和低收入者。

在美国,黑人和拉丁裔群体感染与死于新冠肺炎的人口比例出奇的高[1],黑人和拉丁裔学生也不太可能像白人学生那样普遍有条件上网课。在联邦医疗保险的参保人中,贫困群体的新冠肺炎死亡率是整体死亡率的 5 倍。[2] 弥合这些差距将是美国控制病毒蔓延的关键。

全球范围内,新冠肺炎摧毁了我们几十年来在消除贫困和疾病方面取得的进展。随着各国政府着手应对疫情,它们不得不将人员和资金从其他优先事项上撤出,其中就包括疫苗接种项目。美国健康指标和评估研究所的一项研究发现,2020 年的疫苗接种率下降到 20 世纪 90 年代的水平。[3] 在大约 25 周的时间里,我们失去了 25 年的努力成果。

在全球卫生问题上已经伸出慷慨援助之手的富裕国家需要付出更加慷慨的努力,才能弥补这一损失。在强化全球卫生系统方面,它们的投入越多,我们应对下一次大流行病的准备工作就能做得越充分。

同样，我们需要规划通往低碳未来的"公正转型"。正如我在第九章所讨论的，贫困国家的人们需要得到帮助，以适应一个不断暖化的世界。富裕国家需要认识到能源转型对那些依赖当前能源体系的社区（以采煤为主要产业的地区以及生产水泥、炼钢或制造汽车的地区）来说将是毁灭性的。此外，很多人的工作都间接依赖这些产业，随着煤炭和燃料运输量的减少，卡车司机和铁路工人的工作机会也会减少。届时，相当数量的工薪阶层人员将受到影响，这就需要我们提前为这些社区落实转型计划。

最后，通过采取有效措施，我们其实是可以把经济从新冠肺炎疫情中拯救出来的，同时我们也可以激发创新，以避免气候灾难。比如，政府投资清洁能源研发，有助于在推动经济复苏的同时减少温室气体排放量。就研发开支而言，其所产生的长远影响自然最大，但短期也是立竿见影的：这些资金能迅速创造就业机会。2018 年，美国政府在所有部门的研发投资直接或间接支持了超过 160 万个工作岗位，为工作者带来了 1 260 亿美元的收入，同时为联邦和各州增加了 390 亿美元的税收。[4]

研发并不是经济增长与"零碳"创新存在关联关系的唯一领域。通过发布可降低绿色溢价以便绿色产品更容易同化石燃料类产品竞争的政策，政府也可以帮助推动清洁能源公司的发展。政府还可以利用新冠肺炎疫情救助计划资金扩大可再生能源的使用，建造一体化电网等基础设施。

后记

2020年是给世界带来巨大挫折的一年，也是充满悲剧的一年。但我乐观地认为，我们会在2021年控制住新冠肺炎疫情。我也乐观地认为，我们在气候变化方面也会取得实质性进展，因为世界比以往任何时候都更致力于解决这一问题。

在2008年全球经济陷入严重衰退时，公众对气候变化行动的支持急剧下降。人们只是不知道怎样才能同时应对两场危机。

这次不同了。尽管新冠肺炎疫情严重拖累了全球经济，但公众对气候变化行动的支持力度与2019年相比依旧不减。在未来前行的道路上，碳排放似乎不再是一个我们想一脚踢开的问题。

现在的关键在于我们应该怎样利用这一势头？对我来说，答案很明确。在未来10年里，我们应该专注于那些关键的技术、政策和市场结构，因为它们会让我们走上"到2050年消除温室气体排放"的道路。对于悲惨的2020年，除了在未来10年致力于实现这一雄心勃勃的目标，我们很难再想出其他更好的回应方式了。

致谢

在此感谢盖茨风险投资公司和突破能源联盟的工作人员,正是在他们的帮助下,本书的面世才成为可能。

乔希·丹尼尔是一位宝贵的写作合作伙伴,他帮助我以简明清晰的方式阐述气候变化和清洁能源的复杂性。如果本书能够达到我所期望的效果,那么在很大程度上这得益于乔希的技巧。

我写这本书是因为我想鼓励这个世界在应对气候变化方面采取有效计划。就此而言,乔纳·戈德曼及其团队是再合适不过的合作伙伴了,其中包括罗宾·米利肯、迈克·布茨和劳伦·纳文等。他们在气候政策和相关策略上为我提供了至关重要的建议,确保本书中的想法能产生影响。

伊恩·桑德斯负责创意和制作流程，他是我在内容独创性方面的依靠。安努·霍斯曼和布伦特·克里斯托弗森设计的图表和挑选的照片，帮助提升了本书的生动性，当然，这也离不开超越文字工作室的专业帮助。

布里奇特·阿诺德和安迪·库克负责宣传推广工作。

拉里·科恩则以其一贯的冷静和智慧统筹管理所有工作。

特雷弗·豪泽和凯特·拉森领导的荣鼎咨询团队为本书提供了极大的帮助，他们的研究成果和建议贯穿全书。

我还要感谢突破能源风险投资的所有人：穆克什·安巴尼、约翰·阿诺德、约翰·杜尔、罗迪·吉德罗、艾比·约翰逊、维诺德·柯斯拉、马云、哈索·普拉特纳、卡迈克尔·罗伯茨和埃里克·图恩。

微软的两位前同事杰贝·布卢门塔尔和凯伦·弗里斯在2006年为我安排了首次气候变化学习会。在那次学习会上，他们向我引荐了两位气候科学家，一位是当时任职于卡内基科学研究所的肯·卡尔代拉，另一位是哈佛大学环境中心的戴维·基思。自此之后，我与肯和戴维进行了无数次对话，这些对话深深地影响了我。

肯和他的博士后团队成员坎迪斯·亨利、丽贝卡·皮尔和泰勒·拉格尔斯逐句阅读初稿，检查事实性错误。感谢他们一丝不苟的工作态度。书中任何错误之处，均由我本人负责。

致谢

剑桥大学已故教授戴维·麦凯以他的智慧和洞见启发了我。对于任何想深入研究能源和气候变化问题的人,我推荐阅读他的经典著作《可持续能源:事实与真相》。

曼尼托巴大学荣誉教授瓦科拉夫·斯米尔是我见过的最优秀的系统思想家之一。他对本书的影响主要表现在两个方面:一是书中关于能源转型历史的内容,二是他帮我避免的种种错误。

多年来,我特别幸运能够遇到很多博学之人,并有机会向他们学习。感谢参议员拉马尔·亚历山大、乔希·博尔顿、卡罗尔·布朗纳、朱棣文、阿伦·马宗达、欧内斯特·莫尼兹、参议员丽莎·穆尔科斯基、亨利·保尔森和约翰·波德斯塔,感谢他们慷慨给予的时间。

内森·迈尔沃尔德对早期书稿提出了富有见解的反馈。内森从不讳言自己的真实想法,这也是我一直很欣赏的品质。有时即便最终没有采纳他的建议,我也乐意听他直言相告。

其他一些朋友和同事也都特意抽出时间,阅读初稿并提出反馈意见,包括沃伦·巴菲特、希拉·古拉蒂、夏洛特·盖曼、杰夫·兰姆、布拉德·史密斯、马克·圣约翰、马克·苏兹曼和洛厄尔·伍德等。

在这里,我还要感谢突破能源联盟的其他成员:梅根·巴德、朱莉·巴杰、亚当·巴恩斯、法拉·贝纳姆德、肯·卡尔代拉、萨德·乔杜里、杰伊·德西、盖尔·埃斯利、本·加迪、阿什利·格罗什、乔恩·哈格、康纳·汉德、阿莉娅·哈奇、维多利亚·亨特、安娜·赫利曼、克日什托夫·伊格纳丘克、卡米拉·詹金斯、克里斯蒂·琼斯、凯西·莱伯、李一帆（音译）、丹·莱文古德、詹妮弗·梅斯、利迪亚·马柯南、玛丽亚·马丁内斯、安·梅特勒、特丽莎·米勒、卡斯帕·穆勒、丹尼尔·穆德鲁、菲利普·奥芬伯格、丹尼尔·奥尔森、梅丽尔·翁德雷伊卡、朱莉娅·雷诺德、本·卢伊勒·德奥菲尔、迪利普·西瓦姆、吉姆·范德普特、德马里斯·韦伯斯特、夏柏南（音译）、徐奕星（音译）和艾莉森·泽尔曼。

特别感谢盖茨风险投资团队给予我的支持，感谢凯瑟琳·奥古斯丁、劳拉·艾尔斯、贝姬·巴特莱因、莎伦·伯格奎斯特、莉萨·毕肖普、奥布里·博多诺维奇、尼兰扬·博斯、希拉里·邦兹、布拉德利·卡斯塔内达、奎恩·科尼利厄斯、泽菲拉·戴维斯、普拉特纳·德赛、皮亚·迪尔金、格雷格·埃斯凯纳齐、萨拉·福斯莫、乔希·弗里德曼、乔安娜·富勒、梅根·格罗布、罗迪·吉德罗、罗布·古思、戴安·亨森、托尼·霍尔舍、迈娜·霍根、玛格丽特·霍尔辛格、杰夫·休斯顿、特利西亚·杰斯特、劳伦·吉洛蒂、克洛伊·约翰逊、古瑟姆·坎德鲁、莉泽尔·基尔、梅雷迪思·金伯尔、托德·卡拉恩布尔、珍·克拉吉塞克、杰夫·兰姆、珍·朗斯顿、约尔丁·勒鲁姆、雅各布·利米斯托尔、阿比·卢斯、詹尼·莱曼、迈克·马奎尔、克里斯蒂娜·马尔泽本德尔、格

致谢

雷格·马丁内斯、尼科尔·麦克杜格尔、金·麦吉、埃玛·麦克休、凯利·麦克内利斯、乔·迈克尔斯、克雷格·米勒、雷·明丘、瓦莱丽·莫罗内斯、约翰·墨菲、狄龙·米德兰、凯尔·内特尔布拉特、保罗·纳文、帕特里克·欧文斯、汉娜·帕尔科、穆克塔·法塔克、戴维·菲利普斯、托尼·庞德、鲍勃·里根、凯特·赖兹纳、奥利弗·罗斯柴尔德、凯蒂·鲁普、玛辛·萨胡、艾丽西娅·萨尔蒙德、布莱恩·桑德斯、KJ.谢尔曼、凯文·斯莫尔伍德、杰奎琳·史密斯、史蒂夫·斯普林梅尔、雷切尔·斯特雷格、吉奥塔·塞里恩、卡罗琳·蒂尔登、肖恩·威廉斯、森赖斯·斯旺森·威廉斯、亚斯明·瓦齐尔、凯林·怀亚特、玛丽亚·扬和娜奥米·祖科尔等。

感谢克诺夫出版团队。鲍勃·戈特利布的早期支持让这本书的出版成为可能,他拥有出色的编辑才华,你在这方面听到的一切传说都是真的。凯瑟琳·胡里根以娴熟和优雅的技巧对本书编辑和制作过程中的每个阶段都进行了指导。同时,我还要感谢已故的桑尼·梅塔,以及里根·阿瑟、玛雅·马夫吉、托尼·基里柯、安迪·休斯、保罗·博加兹、克里斯·吉莱斯皮、莉迪亚·比希勒、迈克·科利卡、约翰·高尔、苏珊娜·史密斯、塞丽娜·雷曼、凯特·休斯、安妮·阿肯鲍姆、杰西卡·珀塞尔、朱莉安娜·克兰西和伊丽莎白·伯纳德。在这里,我也要感谢把这个项目引荐给她父亲的莉齐·戈特利布。

最后，我要感谢梅琳达、珍妮弗、罗里和菲比，感谢我的姐姐克里斯蒂和妹妹莉比，感谢我的父亲老比尔·盖茨——他在我写这本书的时候去世了。作为家人，他们给了我太多的爱与支持。

注释

前言

1. 图片来源：James Iroha.
2. 该图采用世界银行《世界发展指标》（World Development Indicators）的数据，其采用知识共享署名4.0国际许可协议（CC BY 4.0）（https://www.creativecommons.org/licenses/by/4.0）进行许可，相关内容参见 https://data.worldbank.org/。收入指标采用的2014年基于购买力平价计算的人均GDP，按当前国际美元计算。能源使用指标采用的是2014年人均千克石油当量，依据《世界发展指标》中的国际能源署数据。版权所有；比尔·盖茨投资有限责任公司修改。

第一章

1. 荷兰皇家气象局"气候探索者"模拟计算的耦合模式比较计划第五阶段（CMIP5）全球平均温度变化情况。温度的计量单位为摄氏度。

2. 与 1951—1980 年的平均温度相比，以摄氏度为计量单位的气温变化数据出自伯克利地球组织，参见 berkeleyearth.org；二氧化碳排放量数据的计量单位为公吨，出自勒凯雷、安德鲁等人的《2019 年全球碳预算》，其采用知识共享署名 4.0 国际许可协议（CC BY 4.0）（https://www.creativecommons.org/licenses/by/4.0）进行许可，相关内容参见 https://essd.copernicus.org/articles/11/1783/2019/。

3. 图片来源：AFP via Getty Images.

4. Solomon M. Hsiang and Amir S. Jina, "Geography, Depreciation, and Growth," *American Economic Review*, May 2015.

5. Donald Wuebbles, David Fahey, and Kathleen Hibbard, *National Climate Assessment 4: Climate Change Impacts in the United States* (U.S. Global Change Research Program, 2017).

6. R. Warren et al., "The Projected Effect on Insects, Vertebrates, and Plants of Limiting Global Warming to 1.5° C Rather than 2° C," *Science*, May 18, 2018.

7. World of Corn website, published by the National Corn Growers Association, worldofcorn.com.

8. Iowa Corn Promotion Board website, www.iowacorn.org.

9. Colin P. Kelley et al., "Climate Change in the Fertile Crescent and Implications of the Recent Syrian Drought," *PNAS*, March 17, 2015.

10. Anouch Missirian and Wolfram Schlenker, "Asylum Applications Respond to Temperature Fluctuations," *Science*, Dec. 22, 2017.

第二章

1. 图片来源：dem10/E+ via Getty Images and lessydoang/RooM via Getty Images.

2. U.S. Energy Information Administration, www.eia.gov.

3. 图片来源：Paul Seibert.
4. 温室气体的计量单位为二氧化碳当量公吨，数据来自荣鼎咨询。该图采用了联合国《世界人口展望2019》的数据，其采用知识共享署名4.0国际许可协议（CC BY 4.0）（https://www.creativecommons.org/licenses/by/4.0）进行许可，相关内容参见 https://population.un.org/wpp/Download/Standard/Population/。
5. 图片来源：©Bill & Melinda Gates Foundation/Prashant Panjiar.
6. Vaclav Smil, *Energy Myths and Realities* (Washington, D.C.: AEI Press, 2010), 136–37.
7. 同上, 138.
8. Vaclav Smil, *Energy Transitions* (2018).
9. 现代可再生能源包括风能、太阳能和现代生物燃料。Vaclav Smil, *Energy Transitions* (2018).
10. Xiaochun Zhang, Nathan P. Myhrvold, and Ken Caldeira, "Key Factors for Assessing Climate Benefits of Natural Gas Versus Coal Electricity Generation," *Environmental Research Letters*, Nov. 26, 2014, iopscience.iop.org.
11. Rhodium Group analysis.

第三章

1. 表中数字为平均用电量，高峰需求会更高。比如，2019年，美国的用电高峰需求达704吉瓦。更多信息参见 the U.S. Energy Administration website (www.eia.gov)。
2. Taking Stock 2020: The COVID-19 Edition, Rhodium Group, https://rhg.com.

第四章

1. 图片由盖茨家人提供。

2. 基于 IEA (2020) 的数据, SDG7: Data and Projections, IEA 2020, www.iea.org/statistics. 版权所有; 比尔·盖茨投资有限责任公司修改。

3. Nathan P. Myhrvold and Ken Caldeira, "Greenhouse Gases, Climate Change, and the Transition from Coal to Low-Carbon Electricity," *Environmental Research Letters*, Feb. 16, 2012, iopscience.iop.org.

4. 可再生能源部门包括风能、太阳能、地热能和现代生物燃料。bp Statistical Review of World Energy 2020, https://www.bp.com.

5. Vaclav Smil, *Energy and Civilization* (Cambridge, Mass.: MIT Press, 2017), 406.

6. 图片来源: Getty Images.

7. U.S. Department of Energy Office of Scientific and Technical Information, "Analysis of Federal Incentives Used to Stimulate Energy Production: An Executive Summary," Feb. 1980, www.osti.gov. 煤炭和天然气补贴按 2019 年美元调整计算。

8. Wataru Matsumura and Zakia Adam, "Fossil Fuel Consumption Subsidies Bounced Back Strongly in 2018," IEA commentary, June 13, 2019.

9. Eurelectric, "Decarbonisation Pathways," May 2018, cdn.eurelectric.org.

10. Fraunhofer ISE, www.energy-charts.de.

11. Zeke Turner, "In Central Europe, Germany's Renewable Revolution Causes Friction," *Wall Street Journal*, Feb. 16, 2017.

12. 材料的计量单位为公吨,按每太瓦时电力生产计算。"太阳能光伏"指太阳能光伏电池板,它会将日光转化为电力。U.S. Department of Energy, *Quadrennial Technology Review: An Assessment of Energy Technologies and Research Opportunities* (2015), https://www.energy.gov.

13. 该图"死亡人数/太瓦时"的数据来源: Markandya & Wilkinson; Sovacool et al., 其采用知识共享署名 4.0 国际许可协议(CC BY 4.0)(https://

www.creativecommons.org/licenses/by/4.0）进行许可，相关内容参见 https://ourworl dindata.org/grapher/death-rates-from-energy-production-per-twh。

14. U.S. Department of Energy, "Computing America's Offshore Wind Energy Potential," Sept. 9, 2016, www.energy.gov.
15. David J. C. MacKay, *Sustainable Energy—Without the Hot Air* (Cambridge, U.K.: UIT Cambridge, 2009), 98, 109.
16. Consensus Study Report, "Negative Emissions Technologies and Reliable Sequestration: A Research Agenda," National Academies of Science, Engineering, and Medicine, 2019.

第五章

1. 图片来源：WSDOT.
2. Washington State Department of Transportation, www.wsdot.wa.gov.
3. "Statue Statistics," Statue of Liberty National Monument, New York, National Park Service, www.nps.gov.
4. Vaclav Smil, *Making the Modern World* (Chichester, U.K.: Wiley, 2014), 36.
5. 水泥产量的计量单位为公吨。U.S. Department of the Interior, U.S. Geological Survey, T. D. Kelly, and G. R. Matos, comps., 2014, "Historical Statistics for Mineral and Material Commodities in the United States" (2016 version): U.S. Geological Survey Data Series 140, accessed December 6, 2019; USGS Minerals Yearbooks—China (2002, 2007, 2011, 2016), https://www.usgs.gov.
6. American Chemistry Council, "Plastics and Polymer Composites in Light Vehicles," Aug. 2019, www.automotiveplastics.com.
7. 图片来源：REUTERS/Carlos Barria.
8. U.S. Department of the Interior, U.S. Geological Survey, "Mineral Commodity Summaries 2019."

9. Freedonia Group, "Global Cement—Demand and Sales Forecasts, Market Share, Market Size, Market Leaders," May 2019, www.freedoniagroup.com.
10. 直接排放量，不包括电力生产的排放量。Rhodium Group.

第六章

1. Rhodium Group internal analysis.
2. Paul Ehrlich, *The Population Bomb* (New York: Ballantine Books, 1968).
3. World Bank, data.worldbank.org.
4. Derek Thompson, "Cheap Eats: How America Spends Money on Food," *The Atlantic*, March 8, 2013, www.theatlantic.com.
5. 肉类消费量计量单位为公吨，包括牛肉、羊肉、猪肉、家禽肉和小牛肉。OECD (2020), OECD-FAO Agricultural Outlook, https://stats.oecd.org (accessed October 2020).
6. Food and Agriculture Organization of the United Nations, www.fao.org.
7. UNESCO, "Gastronomic Meal of the French," ich.unesco.org.
8. 荣鼎咨询于2020年9月开展的美国零售价格在线调查。
9. 图片来源：Gates Notes, LLC.
10. 每公顷玉米产量的计量单位为千千克。Food and Agriculture Organization of the United Nations. FAOSTAT. OECD-FAO Agricultural Outlook 2020-2029. 最新更新：November 30, 2020. Accessed: November 2020. https://stats.oecd.org/Index.aspx?datasetcode=HIGH_AGLINK_2020#.
11. World Bank Development Indicators, databank.worldbank.org.
12. Janet Ranganathan et al., "Shifting Diets for a Sustainable Food Future," World Resources Institute, www.wri.org.
13. World Resources Institute, "Forests and Landscapes in Indonesia," www.wri.org.

第七章

1. https://www.oecd-ilibrary.org/.
2. 历史排放量采用荣鼎咨询的数据。预测排放量基于国际能源署《2020 年世界能源展望》的数据，www.iea.org/statistics。版权所有；比尔·盖茨投资有限责任公司修改。
3. 该图数据来自 Beyond road vehicles: Survey of zero-emission technology options across the transport sector by Hall, Pavlenko, and Lutsey，其采用署名–非商业性使用–相同方式共享协议文本（CC BY-SA 3.0）（https://creativecommons.org/licenses/by-sa/3.0/）进行许可，相关内容参见 https://theicct.org/sites/default/files/publications/Beyond_Road_ZEV_Working_Paper_20180718.pdf。
4. OICA, www.oica.net.
5. 据 OICA 数据，假设每年增加 6 900 万辆车，报废约 4 500 万辆车，汽车生命周期为 13 年。
6. 雪佛兰迈锐宝和纯电动车博尔特 EV 的相关参数，采用 2020 年车型数据。https://www.chevrolet.com. Illustrations ©izmocars—All rights reserved.
7. 每英里行驶成本：假设车主支付的价格为汽车平均购买价，拥车 7 年，年均行驶 1.2 万英里。Rhodium Group.
8. Rhodium Group, Evolved Energy Research, IRENA, and Agora Energiewende. 零售价为 2015—2018 年美国国内的平均价格，"零碳"选项为当前预估价格。
9. 同上。
10. U.S. Energy Information Administration, www.eia.gov.
11. Michael J. Coren, "Buses with Batteries," *Quartz*, Jan. 2, 2018, www.qz.com.
12. 图片来源：Bloomberg via Getty Images.
13. Shashank Sripad and Venkatasubramanian Viswanathan, "Performance Metrics

Required of Next-Generation Batteries to Make a Practical Electric Semi Truck," *ACS Energy Letters*, June 27, 2017, pubs.acs.org.

14. Rhodium Group, Evolved Energy Research, IRENA, and Agora Energiewende. 零售价为 2015—2018 年美国国内的平均价格，"零碳"选项为当前预估价格。

15. Boeing, www.boeing.com.

16. Rhodium Group, Evolved Energy Research, IRENA, and Agora Energiewende. 零售价为 2015—2018 年美国国内的平均价格，"零碳"选项为当前预估价格。

17. Kyree Leary, "China Has Launched the World's First All-Electric Cargo Ship," Futurism, Dec. 5, 2017, futurism.com; "MSC Receives World's Largest Container Ship MSC Gulsun from SHI," Ship Technology, July 9, 2019, www.ship-technology.com.

18. Rhodium Group, Evolved Energy Research, IRENA, and Agora Energiewende. 零售价为 2015—2018 年美国国内的平均价格，"零碳"选项为当前预估价格。

19. 同上。

20. S&P Global Market Intelligence, https://www.spglobal.com/marketintelligence/en/.

第八章

1. A. A'zami, "Badgir in Traditional Iranian Architecture," Passive and Low Energy Cooling for the Built Environment conference, Santorini, Greece, May 2005.

2. U.S. Department of Energy, "History of Air Conditioning," www.energy.gov. "The Invention of Air Conditioning," *Panama City Living*, March 13, 2014,

www.panamacityliving.com.

3. International Energy Agency, "The Future of Cooling," www.iea.org.

4. International Energy Agency, www.iea.org.

5. The Future of Cooling, IEA (2018), www.iea.org/statistics. 版权所有；比尔·盖茨投资有限责任公司修改。

6. 同上。

7. U.S. Environmental Protection Agency, www.epa.gov.

8. 荣鼎咨询。该表显示的是新建住宅中空气源热泵相较于天然气暖炉和电动空调的净现值。成本按7%的折现率计算，电力和天然气价格为截至2019年夏的价格，热泵生命周期为15年。

9. U.S. Energy Information Administration, www.eia.gov.

10. Rhodium Group, Evolved Energy Research, IRENA, and Agora Energiewende. 零售价为2015—2018年美国国内的平均价格，"零碳"选项为当前预估价格。

11. 同上。

12. 图片来源：Nic Lehoux.

13. Bullitt Center, www.bullittcenter.org.

第九章

1. 图片来源：©Bill & Melinda Gates Foundation/Frederic Courbet.

2. Max Roser, Our World in Data website, ourworldindata.org.

3. World Bank, www.data.worldbank.org.

4. GAVI, www.gavi.org.

5. 图片来源：From the photo collection of the International Rice Research Institute (IRRI), Los Banos, Laguna, Philippines.

6. Global Commission on Adaptation, *Adapt Now: A Global Call for Leadership*

on Climate Resilience, World Resources Institute, Sept. 2019, gca.org.
7. Food and Agriculture Organization of the United Nations, *State of Food and Agriculture: Women in Agriculture, 2010–2011*, www.fao.org.
8. 图片来源：Mazur Travel via Shutterstock.
9. World Bank, "Decline of Global Extreme Poverty Continues but Has Slowed," www.worldbank.org.

第十章

1. 图片来源：Mirrorpix via Getty Images.
2. U.S. Energy Information Administration, www.eia.gov.
3. International Energy Agency.
4. U.S. Energy Department, "Renewable Energy and Efficient Energy Loan Guarantees," www.energy.gov.
5. 图片来源：Sirio Magnabosco/EyeEm via Getty Images.

第十一章

1. Human Genome Project Information Archive, "Potential Benefits of HGP Research," web.ornl.gov.
2. Simon Tripp and Martin Grueber, "Economic Impact of the Human Genome Project," Battelle Memorial Institute, www.battelle.org.

第十二章

1. Hans Rosling, *Factfulness: Ten Reasons We're Wrong About the World—and Why Things Are Better than You Think*, with Ola Rosling and Anna Rosling Rönnlund (New York: Flatiron Books, 2018), 255.

后记

1. "Race, Ethnicity, and Age Trends in Persons Who Died from COVID-19—United States, May–August 2020," U.S. Centers for Disease Control https://www.cdc.gov.
2. "Preliminary Medicare COVID-19 Data Snapshot," Centers for Medicare and Medicaid Services, https://www.cms.gov.
3. "Goalkeepers Report 2020," https://www.gatesfoundation.org.
4. "Impacts of Federal R&D Investment on the U.S. Economy," Breakthrough Energy, https://www.breakthroughenergy.org.